도저히 이해할 수 없는 파트너

우리는 신경다양성 커플일까요

Lorna Hecker 저 | 성주연 · 양호연 공역

ADHD를 포함한 독특한 사람들의 관계 맺기

DIFFERENT PLANETS:
UNDERSTANDING YOUR NEURODIVERSE RELATIONSHIP

학지사

저의 교수님이신 로나 헤커 박사님(Dr. Lorna Hecker)의 저서를 저의 제자인 성주연 선생님과 양호연 선생님이 공동 역자가 되어 한국에 출간한다는 사실이 얼마나 큰 감동인지 모르겠습니다. 로나 헤커 교수님은 미국 퍼듀대학교Purdue University의 교수이자 결혼과 가족치료사로서 석사생들을 오랜 기간 가르치셨고, 가족치료 분야의 존경받는 학자이자 임상가이며 교육자이십니다. 저도 이분의 수많은 퍼듀대학교의 제자 중 한 사람입니다. 저는 현재 미국 캘리포니아에 위치한 데이브레이크대학교Daybreak University에서 결혼과 가족치료 전공의 석사/박사 학생들을 가르치고 있는데, 퍼듀대학교에서 은퇴하신 로나 교수님을 데이브레이크대학교의 석좌교수로 초빙하여, 교수님은 현재 가족치료 수업과 슈퍼비전을 하고 계십니다.

로나 교수님은 데이브레이크대학교의 학생들에게 "여러분은 나의 손주들이네요You are my grandchildren!"라는 말씀을 종종 하십니다. 로나 교수님의 제자인 제가 가르치는 제자들이기 때문입니다. 이 책의 공동 역자인 성주연 선생님과 양호연 선생님은 제가 사랑하는 제자들이며, 로나 헤커 교수님으로부터 직접 신경다양성 강의를 듣고 배운 로나 교수님의 제자들입니다. 또한 이분들은 현재 활발히 활동하는 상담사로서 커플, 부모-자녀, 성인 및 청소년 그리고 EAP 내담자들과 전문적인 상담을 진행하고 있습니다. 그렇기 때문에 이 두 분은 이 책의 내용을 정확하게 이해하면서 독자들에게 쉽게 전달될 수 있는 번역서를 출간하기에 가장 적절한 분들이라고 여겨집니다.

이 책은 신경다양성^{neurodiversity}, 즉 사람들의 뇌가 정보를 처리하고 배우고 느끼고, 세상을 인식하고 다른 사람들과 상호작용/관계하는 방식이 서로 다르다는 것을 이해하기 쉽게 설명하고 있습니다. 예를 들어, 자폐 스펙트럼 장애, ADHD, 느린학습자 등이 '결함'이 아니라 '뇌의 또 다른 작동 방식'임을 알려 주고 있습니다. 또한 신경다양성으로 인해 가족 간에 그리고 커플/부부 사이에 서로 다른 뇌의 작동 방식을 갖고 있을 때 일어나는 갈등과 의사소통의 어려움을 실제 사례로 들면서 우리가 바로 적용할 수 있는 조언까지 제시하고 있습니다.

이 책은 신경다양성을 이해하려는 모든 사람에게 필독서입니다. 또한 자녀와의 관계에서 또는 커플/부부 관계에서 의사소통의 어려움을 느끼는 분에게 그리고 상담사와 연구자에게 꼭 권하고 싶은 책입니다.

김혜진
데이브레이크대학교 부부가족치료대학원 대학원장
미국 결혼과가족치료협회(AAMFT) 공인임상슈퍼바이저

부부 상담 플랫폼을 운영하며 수많은 커플을 만나 왔습니다. 대부분은 상담을 통해 의미 있는 변화를 경험했지만 전통적인 접근법으로는 해결되지 않는 어려움을 겪는 커플들도 있었습니다. 아무리 노력해도 서로를 이해하지 못해 깊은 좌절감에 빠진 그들을 볼 때마다 늘 안타까움과 함께 어떻게 도움을 줄 수 있을지 고민하던 차에 이 책을 통해 명쾌한 해답을 얻을 수 있었습니다. 바로 신경다양성 커플의 존재와 그들만의 독특한 관계 역학을 이해하게 된 것입니다.

이 책은 신경다양성과 신경전형성의 차이를 단순한 '성격 차이'가 아닌 뇌와 감각, 실행 기능의 근본적인 차이로 접근합니다. 이론적 설명에 그치지 않고 풍부한 연구 근거와 임상 경험, 실제 커플들의 생생한 목소리를 바탕으로 신경다양성 관계의 갈등 패턴을 깊이 있게 분석하고 있습니다. 특히 주목할 점은 이러한 차이를 문화적ㆍ신경학적 다양성의 관점에서 조명하며, 기존 부부치료 패러다임의 한계를 보완하는 새로운 치료적 접근을 제시한다는 것입니다.

사랑한다고 해서 모든 것을 이해할 수 있는 것은 아닙니다. 하지만 서로의 다름을 과학적으로 이해하고 존중할 때, 그 차이는 관계를 풍요롭게 하는 선물이 될 수 있습니다. 관계 치료 분야에 새로운 패러다임을 제시하는 이 중요한 저작을 통해 더 많은 커플이 진정한 이해와 사랑에 도달할 수 있기를 희망합니다.

신동인

국내 최초 부부갈등해결 플랫폼 Sindy 대표

　상담실을 찾는 많은 내담자는 관계에서 겪는 어려움과 갈등을 해결하고자 문을 두드립니다. 때로는 전문가인 상담사에게조차 이들의 갈등을 이해하고 연결을 돕는 일이 결코 간단하지 않게 느껴질 때가 있습니다. 그러던 중 대학원에서 로나 헤커 교수님의 강의를 통해 '신경다양성neurodiversity'이라는 개념을 접하게 되었고, 이 경험은 저에게 상담사로서의 관점을 확장시키는 중요한 전환점이 되었습니다.

　신경다양성을 지닌 내담자의 경우, 이들의 독특한 감각과 정서, 정보 처리 방식에 대한 깊은 이해 없이 기존의 상담 이론만으로는 관계 회복이 어렵다는 것을 배웠습니다. 그 사실을 깨달은 순간, 그동안 왜 특정 커플에게는 상담이 효과적이지 않았는지에 대한 해답을 찾은 것 같았습니다. 이후 교수님의 저서를 비롯해 국내외 다양한 자료를 읽으며 신경다양성에 대한 이해를 넓혀 갔고, 실제 내담자들과의 상담에서도 이 개념을 나누기 시작했습니다.

　놀랍게도 신경다양성이라는 개념을 알게 되는 것만으로도 많은 내담자가 파트너나 자녀, 가족을 새롭게 이해하기 시작했고, 이는 곧 관계의 회복과 정서적 안정으로 이어졌습니다. 이러한 경험을 통해, 더 많은 이가 신경다양성을 이해하게 된다면 우리의 관계는 훨씬 더 수용적이고 안전한 상호작용으로 변화될 수 있겠다는 소망을 품게 되었고, 이 책의 번역을 결심하게 되었습니다.

신경다양성은 미국과 유럽에서는 이미 활발하게 논의되고 있는 개념이지만, 국내에서는 아직 많은 사람에게 생소한 주제입니다. 특히 커플 관계 맥락에서 신경다양성이 어떤 영향을 미치는지에 대한 논의는 거의 없는 실정입니다. 이 책은 바로 그 지점을 깊이 있게 다루고 있습니다. 번역 과정에서는 원문의 문화적 맥락이나 표현이 자연스럽지 않은 경우 영어 원문을 병기하여 독자의 이해를 돕고자 했습니다.

최근에는 국내에서도 ADHD를 비롯한 신경다양성에 대한 관심이 점차 높아지고 있습니다. 유튜브나 TV 프로그램에서도 관련 주제를 다루며, 자신의 진단과 치료 사실을 공개하는 유명인들도 많아지고 있습니다. 한국 건강보험심사평가원에 따르면, 성인 ADHD 진단자 수는 2017년 7,748명에서 2022년 9월 39,913명으로 약 5.1배 증가했으며, 해외에서도 비슷한 추세가 이어지고 있습니다.

저 또한 주변에 가족, 동료, 친구 등 자신의 신경다양성을 인식하지 못한 채 성장해 온 이가 많습니다. 그들은 반복되는 오해와 갈등 속에서 왜 자신이 이토록 힘든지를 이해하지 못한 채 좌절하거나 관계를 포기하곤 했습니다. 하지만 신경다양성의 개념을 접하고, 서로 다른 뇌의 작동 방식을 이해하게 되면서 그동안 풀리지 않던 실타래가 조금씩 풀렸습니다.

이 책은 신경다양성을 결함이나 병리로 보지 않고 '다름'으로 바라보며 연결 가능성에 주목합니다. ADHD와 같은 신경다양성이 관계 안에서 어떤 어려움을 만들어 내는지뿐 아니라, 그것이 어떻게 강점이 될 수 있는지를 구체적인 사례를 통해 풀어냅니다. 임상 현장에서 어떤 내담자 커플은 마치 이 책 속의 인물들이 살아 나온 것처럼 책에 나오는 대화들을 실제 상담실에서 하고 있는 신기한 경험을 하기도 했습니다.

관계 속에서 반복되는 단절과 오해가 단순한 성격 차이나 노력이 부족해서가 아니라 서로 다른 신경학적 특성에 기인할 수 있다는 사실을 알게 되었을 때, 많은 커플이 비로소 상대를 향한 호기심과 연민을 회복하고 새로운 방식으로 연결되기 시작했습니다. 이 책이 바로 그 여정의 든든한 안내자가 되어 줄 것입니다.

이 책은 신경다양성 커플뿐만 아니라 신경다양성을 가진 자기 자신을 더 깊이 이해하고 싶은 이들, 그리고 그들을 사랑하는 파트너, 부모, 자녀, 가족, 친구에게도 큰 도움이 되리라 믿습니다. 또한 오늘도 관계 회복을 위해 애쓰는 많은 상담사에게도 신경다양성 커플과 가족을 만나는 데에 유용한 도구로 사용되기를 바랍니다.

2026년 겨울

성주연, 양호연

상담사로 일해 온 지난 15년 동안 서로의 다름 때문에 싸우고 갈등하다가 단절된 많은 커플과 가족을 만나 왔다. 상담을 통해 그들은 나와 다른 우주에 살고 있는 상대의 이야기를 열린 마음으로 듣고, 자신의 좌절을 비난이나 불평 대신 원하는 것을 요청하는 새로운 방식의 소통 방법을 배운다. 그렇게 연결을 경험하고 서로의 이야기를 듣게 되면서 그들은 "상대방이 나와는 정말 다르네요. 마치 다른 우주에서 온 사람처럼요. 이제 '나라면……'이란 생각을 덜 하게 됩니다."란 고백을 종종 하곤 한다.

때로는 그들이 겪는 갈등과 불화가 단순히 인종, 언어, 문화, 가치관의 다름을 넘어선, 얼굴만큼 다른 뇌의 다양성에 대한 이해 부족으로 생기는 경우도 많음을 상담 현장에서 종종 경험한다. 그럴 때마다 누가 맞고 틀리고가 아니라, 두 사람의 뇌의 구조와 작동 방식이 다르기 때문이라고 교육과 설명을 해 주곤 했었다. 그러던 중 3년 전에 로나 헤커 박사님이 이 책을 발간했다는 반가운 소식을 듣고 바로 구매해서 읽었다. 신경전형인과 신경다양인의 뇌가 어떻게 다르고 다른 방식으로 작동하는지를 —누가 틀린 게 아니라— 구체적인 예와 연구논문을 바탕으로 쉽게 설명해 주었기에 많은 영어권 내담자에게 권하곤 했었다.

그런데 영어가 불편한 한국인 커플들을 위해 한국어 번역본이 있으면 좋겠다는 바람이 있던 중에 한국어판이 발간되어 마음이 기쁘다. 이 책이 신경전형인과 신경다양인 커플들이 서로의 다름과 독특함을 이해하는 데 도움이 되어 더 깊은 친밀감과 관계 회복을 경험하는 데 도움이 될 것으로 기대한다.

이 모니카(Lee, Monica J.)

01 우리는 서로 다른 행성에서 왔을까 • 19

02 서로 다른 궤도에서 함께 살아가기 • 41

우리는 서로
다른 행성에서
왔을까

지금 당신과 함께 살고 있는 이 외계인은 도대체 누구일까?
우리는 어떻게 이렇게까지 서로 다를 수 있을까?

신경다양인[1]: 저는 늘 제가 다른 행성에서 온 사람처럼 느껴져요. 사람들을 관찰하고 그들의 행동을 연구하며 분석하죠. 저는 가능한 한 정상처럼 보이려고 애쓰지만 스스로 다르다는 걸 알고 있어요. 어린 시절부터 제가 사회에 잘 어울리지 못한다는 걸 인식해 왔어요. 제 파트너는 종종 '알렉스, 지구로 돌아와!'라고 말하며 제 주의를 끌려고 하죠. 제가 깊은 생각에 빠지면 그 순간에는 다른 어떤 것에도 집중하기 어렵기 때문이에요. 저는 파트너에게 제 감정을 표현하는 게 어렵고, 제 파트너도 이런 저를 이해하는 데 어려움을 겪고 있어요.

신경전형인[2]: 저는 파트너에게 감정을 얘기할 때마다 마치 외계어로 말하는 것 같은 기분이 들어요. 파트너는 제 말을 전혀 못 알아들어요! 저는 제가 할 수 있는 한 분명하게 표현하고 있다고 생각하지만 파트너는 저를 이해하지 못하는 것 같아요. 그럴수록 저는 외로움과 고립감을 느끼고, 생활의 모든 세부적인 일들을 저 혼자 신경 쓰고 맡아서 하는 데 지쳐 있어요. 저는 번아웃 상태로 지치고 화도 나고 마음도 상처받았어요. 과연 그가 정말 저를

---

1) 문맥에 따라 '신경다양인neurodivergent' 또는 '신경다양성neurodiverse'이라는 용어로 구분되어 사용된다. 자폐 스펙트럼이나 ADHD처럼 신경발달 차이를 가진 사람은 '신경다양인(신경다양성을 가진 사람)'으로 간주되지만, 두 사람 이상이 모인 집단 안에 서로 다른 뇌 유형이 존재할 때 그 집단은 '신경다양성'이라는 용어가 적용된다. 예를 들어, 한 사람은 신경전형인이고 다른 사람은 신경다양인이라면 그들은 '신경다양성neurodiverse' 관계에 있다고 할 수 있다.

2) '신경전형인neurotypical'은 ADHD, 자폐 스펙트럼 등과 같은 비전형적인 신경 발달 특성이 없는, 즉 전형적인 뇌 작동 방식을 가진 사람을 지칭하는 용어이다.

사랑하기는 하는 건지, 아니면 그저 엄마 같은 존재로만 여기고 있는 건 아닌지 헷갈릴 때가 많아요. 연애 초기에는 저를 그렇게 자상하고 세심하게 챙겨 줬었는데 지금은 사랑받고 있다는 느낌은커녕 관심조차 받기 어려워요.

만일 당신이 자신과 다른 뇌 작동 방식을 가진 사람과 관계를 맺고 있다면 마치 서로 다른 행성에서 온 것처럼 느껴질 수 있다. 처음에는 그 사람을 이해한다고 생각하면서 관계를 시작하지만 시간이 지나면서 서로 생각하는 방식이 매우 다르다는 사실을 깨닫게 된다. 이러한 차이는 세상을 바라보는 방식, 의사소통의 패턴, 사랑을 주고받는 방식 등에서 다양하게 나타난다. 지금 당신과 함께 살고 있는 이 외계인은 도대체 누구일까? 우리는 어떻게 이렇게까지 서로 다를 수 있을까?

이 책은 당신의 관계 속에서 신경다양성이 어떤 역할을 하는지를 살펴보면서 이와 같은 질문들에 대한 답을 찾기 시작할 것이다. 신경다양성neurodiversity은 우리가 생각하고 정보를 처리하고 추론하고 세상을 이해하는 방식의 차이를 의미한다. 신경다양성 관계란 당신과 파트너의 뇌 작동 방식이 서로 다를 때를 말한다. 신경다양인(신경다양을 가진 사람neurodivergent)이란 사회가 '정상' 또는 '전형적'이라고 여기는 인지 기능과는 매우 다른 방식으로 사고하거나 행동하는 개인을 의미한다. 이들은 일반적으로 정신 건강 분야에서 자폐 스펙트럼 장애 또는 ASD(아스퍼거 증후군 포함), 주의력 결핍 과잉 행동 장애ADHD와 같은 '장애'라는 진단명을 받아 왔다. 신경다양성에는 난독증(읽기 어려움), 난서증(글쓰기 어려움), 난산증(수학 어려움)과 같은 학습 장애도 포함된다. 기준에 따라 뚜렛 증후군, 강박장애OCD,

양극성 장애(조울증), 만성 불안이나 우울증, 심지어 외상 후 스트레스 장애^{PTSD}와 같은 신경학적 기반의 정신 건강 문제를 갖고 있는 사람들도 신경다양인의 범주에 포함되기도 한다.

> 신경다양인은 뇌 작동 방식이 사회가 '정상' 또는 '전형적'이라고 여기는 기준과는 다른 방식으로 사고하는 사람들을 의미한다. 신경다양인의 뇌 스타일은 다수의 사람과는 다르다.

신경다양인 또는 신경전형인은 어떤 의미인가

신경다양인: 저는 저의 내면에 완전히 다른 운영체제가 있는 것처럼 느껴져요. 사람들이 흔히 입는 옷을 입거나 헤드폰 같은 기기를 착용하거나 사람들과 어울릴 때조차 어딘가 부자연스럽고 어색하게 느껴져요. 다른 사람들에게는 무척 자연스러워 보이는 것들이 저에게는 어울리지 않는 거 같아요. 마치 적은 비용으로 인간 흉내를 내며 코스프레를 하는 느낌이죠. 혼자 있을 때는 인간으로서 자연스러움을 느끼지만 다른 사람들과 함께 있을 때는 늘 어색하고 제 자신에게 결함이 있는 듯한 기분이 들어요.

신경전형인: 저는 이제야 제 파트너가 저와는 전혀 다른 방식으로 세상을 바라본다는 것을 이해하게 되었어요. 이 깨달음에 이르기까지 오랜 시간이 걸렸고 주변 친구들은 왜 제가 그녀와 함께하는지 의아해하곤 했죠. 하지만 저는 세상을 바라보는 방식이 하나가 아니라는 사실을 받아들이게 되었어요. 예전에는 제가 '옳다'고

믿고 대부분의 사람들도 제 생각에 동의할 거라 생각하며 그걸 그녀에게 증명하려 애썼어요. 하지만 지금은 그 다름 자체를 인정하고 오히려 감사하는 마음이 생겼죠. 저의 관점이 유일하게 '맞는' 정답이라는 생각에서 벗어나려면 많은 성장이 필요했어요. 이제는 그 다름을 없애려고 노력하기보다는 있는 그대로의 다름을 받아들이고 감사하게 느끼고 있어요.

신경다양인은 '전형적인' 신경학적 구조를 가지고 있지 않은 사람으로 신경인지기능에 차이가 있다. 이는 생물학적 차이로 한 개인이 우리가 '정상'이라고 생각하는 신경인지적 기능에서 벗어나는 경우 신경다양인으로 간주된다. 이러한 신경인지적 차이는 주의력, 지각, 언어, 학습 및 기억, '실행 기능(이는 수행 능력과 관련이 있으며 7장에서 다룰 예정)' 그리고 사회적 통찰 등 일상생활 전반에 영향을 미칠 수 있다(APA, 2013).

사회학자 주디 싱어Judy Singer는 1998년 '신경다양성'이라는 용어를 처음 제안하며 신경다양성은 인간의 자연스러운 변이 중 하나로 신경다양성을 가진 사람들은 병리적 대상이 아니라 존중과 수용의 대상임을 주장했다(Singer, 2017). 다른 학자들은 신경다양성적인 뇌 구조가 오히려 다양한 강점을 지닌다는 점에 주목하며 이는 축하받아야 할 특성이라고 강조한다. 이를 비유적으로 설명하자면, 신경다양인들은 일반적으로 많이 쓰이는 운영체제인 마이크로소프트 윈도우Microsoft Windows와는 다른, 덜 알려진 리눅스Linux와 같은 시스템을 사용하고 있다고 볼 수 있다. 이 두 운영체제가 서로 소통하게 만드는 일은 시스템 엔지니어에게도 매우 어려운 과제이다. 당신이 이 책을 읽고 있는 이유는 아마도 서로 다른 운영체제가 소통하려 할 때 겪게 되는 감정들을 깊이 공감하고 있기 때문일 것이다. 소통을 시도하는 과정은 답답하고 화가 나고 고통스럽기도 하지만 진정한 소통이 이루어졌을 때의 기쁨과 만족감은 이루 말할 수 없이 크다!

쉽게 말해 신경다양인의 뇌 구조는 '신경전형인'의 뇌 구조와 다르며 이러한 차이로 인해 서로 다른 사고 방식을 지닌 두 사람 사이의 간극을 메우는 것은 어려울 수 있다. 특히 관계가 깊어질수록 일상의 다양한 상황 속에서 서로 다른 뇌 스타일이 충돌하면서 거리감이 생기는 패턴이 나타나기 쉽다. 앞에 소개된 사례들처럼 이는 서로에 대한 오해, 외로움, 정서적 고립감으로 이어질 수 있으며, 이러한 뇌 작동 방식의 차이가 관계에 어떤 영향을 주는지에 대한 이해가 부족할수록 그 감정은 더욱 심화된다. 신경다양성 관계는, 신경전형인과 신경다양인이 함께 살아가는 경우도 있고 두 명의 신경다양인들이 함께 생활하는 경우도 있다.

> ★★
> 누군가 신경다양인이라면, 그들은 '전형적'이라 여겨지는 것과는 다른 신경학적 구조를 가지고 있다. 반면, 신경전형인은 대다수의 문화와 비슷한 뇌 작동 방식을 가지고 있다는 것을 의미한다.
> ★★

'신경전형인neurotypical'이란 개인의 신경인지 기능이 사회적으로 '정상'이라 여겨지는 범주 안에 있는 사람을 의미한다. 이것은 사회적으로 조성된 규범이며 많은 신경전형인은 관계 속에서 신경다양인 파트너가 자신들의 '정상' 세계에 맞추기를 기대하곤 한다. 대신 서로 다른 두 행성 모두의 궤도를 존중하며 맞추고 각자의 아름다움을 인정하는 방법을 찾는 것은 간과된다. 예를 들어, 신경다양인은 세부사항에 대한 탁월한 집중력, 뛰어난 분석적 사고, 예리한 관찰력, 높은 창의성, 그리고 자신이 관심을 가지는 분야에 대한 깊은 열정을 지니는 경우가 많다. 그러나 종종 우리는 '장애'라는 관점에만 집중한 나머지 당신이 처음 신경다양인 파트너에게 끌렸던 매력적인 장점들을 쉽게 잊어버리게 된다.

> 신경전형적이라는 개념은 신경학적으로 정상이라고 여겨지는 인지 기능 패턴이 존재한다는 사회적 기준을 말한다.

정상성은 사회적으로 만들어진 개념이다

장애라는 낙인 대신 신경다양성을 대안적 개념으로 바라보는 움직임은 신경다양인의 결핍을 수정하거나 신경전형인의 기준에 맞추려 하는 것보다, 이들의 고유한 강점과 잠재력을 발견하고 존중하는 방향으로 관점을 전환하는 데 도움을 주었다. 이 운동을 지지하는 이들은 정상성normality이라는 개념이 사회적으로 만들어진 것이며, 신경다양인이 단지 다르다는 이유로 사회에서 비정상적이라고 여겨져 소외되어 왔다고 주장한다. 신경다양성 운동은 '정상'이라는 뇌 유형은 하나뿐인 것이 아니라 다양한 차이가 있는 뇌 스타일이 존재하며 이들은 모두 사회에서 똑같이 중요하고 유효하며 유용하다고 강조한다. 템플 그랜딘은 "다를 뿐, 모자란 게 아니다different, not less." (Grandin, 2020)라는 유명한 말을 남겼는데, 이는 우리가 신경다양성을 이해하고 신경다양인 파트너를 바라볼 때 기억해야 할 중요한 관점이다. 당신과 파트너의 차이는 '열등함'이 아니라, 단지 다름을 의미할 뿐인 것이다.

신경다양성 운동을 지지하는 이들은 장애라는 관점에서 벗어나 다양한 신경 발달 특성을 존중하는 사회로 변화되기를 바라고 있다. 그러나 신경다양성 운동에는 논란도 존재하는데, 일부 신경다양인들은 실제로 주의를 기울이거나 치료가 필요한 문제를 경험하기 때문이다. 예를 들어, 비언어적 자폐 아동을 둔 부모들은 신경다양성 운동이 자신들이 직면한 현실적 어려움을 무시한다고 문제를 제기하기도 한다. 나는 두 가지 모두 맞다고 생각한다. 우리는 신경다양성을 존중하고 축하해야 하지만 동시에 신경전형인의 세상에서 살아가는 신경다양인이 겪는 어려움도 이해해야 한다.

신경다양성 운동이 확산되면서 관련 용어 사용에 상당한 변화가 일어나고 있으며 우리 사회에서 신경다양인이 정당한 자리를 찾아감에 따라 이러한 변화는 앞으로도 계속될 것이다. 주의할 점은 이 책에 사용된 용어들이 시간이 지나며 빠르게 구식이 될 수 있다는 것이다. 이는 신경다양인들이 스스로 목소리를 내고 그들이 원하는 바를 지속적으로 표현하고 있고, 그 속도는 주로 신경전형인들이 신경다양인들을 '해석'하여 문헌으로 남기는 것보다 빠르기 때문이다.

신경다양인을 병리화하지 않고 다양한 뇌 작동 방식을 자연스러운 차이로 인정하고 받아들이려는 움직임이 있는데 이를 신경다양성 운동 Neurodiversity Movement이라고 한다.

신경다양성과 장애인 차별주의에 맞선 저항

신경다양인: 장애를 장애로 만드는 것은 그들을 둘러싼 사회예요. 눈으로 세상을 보는 사람들이 만든 세상에서 시각장애인은 살아남아야 하고, 비자폐인이 주도하는 사회에서 자폐인은 적응하면서 살아가야 하죠.

신경전형인: 저는 사람들에게 제 아내가 자폐 스펙트럼에 있다고 이야기했을 때 사람들이 "전혀 자폐처럼 보이지 않는데요?"라고 반응할 때마다 불편함을 느껴요. 심지어 저 자신도 아내와 다툴 때 "이건 상식이야." 또는 "이건 누구나 아는 거잖아." 같은 말을 무심코 하지 않기 위해 스스로를 돌아보고 조심하려는 노력을 해야 하죠.

신경다양성 운동의 일부는 '장애인 차별주의ableism'에 대한 저항의 의미도 담고 있다. 장애인 차별주의란 비장애인이나 신경전형인만이 정상이고 온전한 인간이라고 보는 관점을 말한다. 다른 능력이나 다양성을 가진 사람들을 부족한 존재로 보거나 아예 보이지 않는 존재로 여긴다. 이로 인해 신경다양인은 '정상'이어야 한다거나 사회로부터 소외당하는 이중의 압박을 받는다. 그들은 억압적으로 느껴지는 환경 속에서 버티고 적응해야 가치 있는 존재로 인정받을 수 있다고 요구받는다. 신경다양인들은 '신경소수자neurominorities'라고도 불리는데, 이는 이들도 정상적인 존재이지만 뇌 작동 방식이 소수에 속한다는 것을 강조하는 표현이다.

장애인 차별주의^{Ableism}란 비장애인이나 신경학적으로 전형적인 사람만을 온전한 인간으로 보는 관점이다.

ND=신경다양인, NT=신경전형인

이 책에서는 신경다양인을 'ND'로, 신경전형인을 'NT'로 지칭한다. 주로 자폐 스펙트럼과 ADHD 같은 신경발달 차이로 인해 형성된 신경다양성 관계에 초점을 맞추지만 대부분의 신경다양성 관계가 겪는 어려움에도 공감할 수 있도록 구성되었다. 이 책은 인간 발달 관점을 바탕으로 관계에 대한 이해를 제공하지만 구체적인 개입을 목적으로 하지는 않는다. 즉, 커플 관계에서 신경다양성이 미치는 영향을 탐구하지만 구체적인 해결책을 제시하는 것은 이 책의 범위를 벗어난다. 이 책을 통해 얻은 이해가 위기에 처한 신경다양성 관계의 상처를 치유하고 회복을 시작하거나 이미 친밀한 신경다양성 관계의 친밀감을 더욱 깊게 하는 데 도움이 되기를 기대한다.

신경다양성을 이해하면 나의 관계에 어떤 도움이 될 수 있을까

신경다양인: 관계가 좋은 날에는 아내가 저의 재능에 감탄하곤 합니다. 그녀는 저의 에너지를 좋아하고 저는 그녀를 웃게 만들죠. 하지만 관계가 나쁜 날에는 저의 능력을 친구 남편과 비교하며 심각할

정도로 평균 이하라고 비난해요. 제가 식기세척기를 비우지 않거나 고양이 밥 주는 걸 잊었다는 이유로 화를 내죠. 저는 늘 투쟁과 도피 상태의 긴장 속에 있는 듯해요. 해야 할 일을 잊어서 혹시 아내의 화를 촉발하지 않을까 걱정하고, 일일이 알려 줘야 한다는 사실에 아내가 짜증을 내지 않을까 두려워하고 있어요.

신경전형인: 저는 남편과 오래 연애하고 많은 것을 함께 경험하며 인생의 여러 전환기를 거쳐 결혼했어요. 하지만 시간이 흐르면서 집안일에 대한 부담이 점점 제 몫이 되어 버렸어요. 남편의 ADHD 특성 때문에 그는 늘 약속을 과하게 잡고 그러다 약속을 지키지 못해 좌절하는 일이 반복됐어요. 그는 정말 재능이 많은 사람이지만 일정 관리, 서류 처리, 시간 약속을 지키는 데는 어려움을 겪어요. 저는 점점 아내가 아니라 그의 엄마처럼 느껴지기 시작했고 우리는 일상적인 집안일을 두고 끊임없이 부딪히게 되었어요. 이 모든 것이 너무 힘들고 저를 지치게 해요.

당신이 신경다양인이라면 파트너에게 오해를 받거나 비난받는 느낌에 좌절하고 있을지도 모른다. 때로는 무엇이 파트너의 반응을 일으킬지 알 수 없는 지뢰밭을 걷는 것처럼 느껴질 수 있다. 자신을 이해하는 것은 타인을 이해하는 데 있어서 가장 중요한 핵심이며 자신의 강점과 도움을 필요로 하는 부분을 명확히 아는 것은 관계에 도움이 된다. 이 책은 신경전형인 파트너와 관계를 맺으며 당신이 경험하는 다양한 어려움을 설명하는 데 도움을 줄 것이다. 자신을 이해하게 되면 이 이해를 파트너와 공유할 수 있고, 그도 당신이 살고 있는 세상을 조금씩 이해하기 시작할 것이다. 또한 당신은 파트너의 사고방식, 그들에게 중요한 가치 그리고 서로 다른 이유에 대해서도 이해하는 방법을 배울 수 있다. 이러한 이해는 관계를 더욱 깊고 단단하게 만드는 데 도움이 될 것이다.

당신이 신경전형인이라면 신경다양인 파트너와 소통하려 애쓰는 데에 좌절감을 느낄 가능성이 크다. 신경다양인 파트너와 함께 살아가는 데에 필요한 **감정노동**에 지쳐 있을지도 모른다. 감정노동이란 주변 사람들을 편안하고 행복하게 만들기 위해 보이지 않게 기울이는 정서적 노력이다(Hartley, 2018). 당신은 파트너가 사회적 규범을 이해하지 못하거나 때때로 어색한 실수를 저지를 때마다 당황스럽거나 지친다고 느낄 수 있다. 특히 어떤 분야에서는 놀랄 만큼 뛰어난 능력을 보이면서도 정작 일상적인 일처리에서는 서툴러 보이는 모습에 혼란과 좌절을 느끼기도 할 것이다. 이 책은 당신이 느끼는 좌절의 근원을 이해하도록 돕고, 이를 신경다양성이라는 맥락에서 파트너를 새로운 시각으로 볼 수 있도록 도와줄 것이다. 이는 서로의 이해와 소통을 돕고 서로의 궤도를 맞추는 데 기여할 수 있다.

신경다양인에게는 관계에서 흔히 발생하는 갈등을 더 키우는 특성들이 있으며, 신경다양성 그 자체만으로도 특별한 어려움일 수 있다. 또한 신경다양성을 충분히 이해하지 못하는 신경전형인 파트너에게서 나타나는 특정한 반응들이 관계 문제를 더 악화시킬 수도 있다. 이러한 상호작용은 커플이 친밀감을 잃고 오해가 점점 깊어지는 악순환 속으로 빠져들게 만든다.

잠깐, 만약 두 사람 **모두** 신경다양인이라면 어떻게 될까? 실제로 많은 신경다양인이 만나 성공적인 커플 관계를 이뤄 나가고 있다. 이 책은 신경다양인 커플이 서로를 더 깊이 이해하는 데도 도움이 될 것이다. 지식은 이해를 돕는 열쇠이다!

> ★ ★
> 신경다양성이 관계에 미치는 영향을 이해하는 것은 커플 사이의 이해 증진과 원활한 소통 그리고 정서적 연결을 이루는 데 도움이 될 수 있다.
> ★ ★

이 책을 쓰게 된 이유

나는 지난 25년 동안 결혼과 가족 치료 교육자이자 결혼과 가족치료사 라이센스를 소유한 전문가로서 많은 커플을 상담해 왔다. 그런데 신경다양성 커플들은 기존의 '전형적인' 커플 치료에 잘 반응하지 않는다는 사실을 알게 되었다. 많은 신경다양성 커플이 전통적인 커플 상담을 받았지만 원하는 결과를 얻지 못했다고 호소했다.

신경다양인 파트너들은 종종 그들의 파트너의 감정을 제대로 이해하지 못하거나 대부분 신경전형인 상담사에게 신경전형적 방식으로 반응하지 못한다는 비난을 받는다. 그들이 상담 경험을 이야기할 때, 나는 종종 신경전형인 파트너와 신경전형인 상담사 사이에 암묵적이거나 때로는 노골적인 동맹이 형성되는 모습을 발견하고는 한다. 그들 사이에는 신경다양인 파트너가 그들이 하는 말을 제대로 '이해하지' 못하는 데 대한 좌절감이 깔려 있었다. 내가 결혼과 가족 치료를 가르치며 접했던 모든 문헌에서 신경다양성 커플의 역학관계를 다룬 자료는 찾아볼 수 없었다. 마치 신경다양성 커플이 아예 존재하지 않는 것처럼 보였다.

내가 배우고 가르치며 실제로 사용해 온 커플 치료 기법들은 신경다양성 커플들의 필요를 충족시키지 못했다. 전통적인 커플 치료는 신경전형인 파트너를 중심으로 만들어졌고 주로 감정 중심의 접근법을 사용한다. 그러나 감정을 중심으로 한 소통은 신경다양인에게는 자연스러운 방식이 아니며 그들의 첫 번째 언어가 아니다. 기존 모델들은 뇌 작동 방식의 차이를 고려하지 않으며 결과적으로 신경다양인 파트너에게 불리하게 작용한다. 나는 '전문 치료사인 나조차 이 문제를 해결할 자료가 없다면 내담자들은 도대체 어디부터 시작할 수 있을까? 그들은 어떻게 자신과 파트너 사이에서 벌어지는 복잡한 관계 문제를 이해할 수 있을까?'라는 생각을 했다. 이 책은 신경다양성 관계를 자연스러운 하나의 관계 형태로 인정하고 독자들이 서로를 더 깊이 이해하도록 초대하며 그동안 간과되어 온 주제를 재조명하기 위해 출간되었다.

> 전통적인 커플 치료는 신경다양성이 관계에 미치는 영향을 충분히 다루지 못한다. 그 결과 신경다양인 파트너는 자신이 비정상이라고 느끼게 되고, 신경전형인 파트너는 파트너가 '신경전형인' 방식으로 반응하지 않는다는 점에 불만을 느끼게 된다.

겹치는 뇌 작동 방식

이 책을 집필하는 과정에서 몇몇 커플 치료 내담자들이 초고를 읽어 보고 의견을 나눠 주었다. 한 이성애 커플의 경우 책을 읽으며 남편이 자폐 스펙트럼 특성을 갖고 있을 수 있다는 사실을 새롭게 인식하였다. 그는 정식 진단을 받은 적은 없었지만 많은 특성이 그의 모습과 겹쳐졌다. 책을 읽던 중 그의 아내는 나에게 이렇게 말했다. "선생님, 혹시 저도 신경다양인일 수 있나요? 여기 나온 특성 중 일부가 저한테도 해당되는 것 같아요……." 그녀는 어린 시절 학대 경험으로 인한 외상 후 스트레스 장애PTSD를 겪고 있었고 나는 PTSD 역시 특정 신경다양성 특성과 유사한 반응을 동반할 수 있음을 상기시켰다. 실제로 그녀는 종종 별다른 이유 없이 남편에게 과하게 반응하는 자신을 발견하곤 했다.

나의 임상 경험에 따르면 어린 시절에 트라우마를 겪은 신경전형인 파트너들은 신경다양인 파트너의 안정적이고 예측 가능한 특성에 매력을 느껴 관계를 시작하는 경우가 많다. 신경다양인 파트너는 규칙적인 생활을 유지하고 루틴을 고수하며 지식이 풍부하고 도덕적 기준이 분명한 경우가 많다. 이러한 특성들은 혼란한 성장 배경을 가졌거나 어린 시절에 외상을 겪은 신경전형인 파트너에게 매력을 느끼게 만든다. 그러나 시간이 흐르고 관계가 진전되면서 신경전형인 파트너는 자신이 정서적 친밀감보다 안정감을 택했다는 사실을 인식하게 된다. 관계가 성숙해질수록 파트너와 감정적으로 연결되는 것이 어렵다는 점이 드러나고, 결국 그들은 관계 안에서 외로움을 느끼며 상실감을 경험하게 된다. 대개 이 시점부터 부부는 서로 다른 친밀감의 기대를 어떻게 조율할지를 고민하기 시작하며 그 과정에서 본격적인 어려움이 나타난다. 이 시점이 되면, 커플은 한때 서로 편안하고 연결되어 있다고 느꼈던 관계에서 왜 친밀감이 점점 사라졌는지를 이해하기 위해 누군가에게 도움을 요청하게 된다. 일반적으로는 신경전형인 파트너가 먼저 친밀감의 부재를 문제 삼으며 경고음을 울리지만 실제로는 두 사람 모두 어느 순간부터 둘의 관계가 '룸메이트' 같은 상태로 흘러가고 있다는 느낌을 받게 된다.

이러한 정서적 거리감은 커플이 갈등을 회피하거나 문제 해결이 이루어지지 않을 때 발생할 수 있으며, 마찬가지로 갈등이 너무 격렬하고 상처만 남긴 채 해결되지 않을 때에도 나타날 수 있다.

반대로 신경다양인 파트너들은 처음에는 자신이 파트너로부터 특별히 '이해받고' 독특한 특성과 능력을 인정받았다고 느끼는 경우가 많다. 다른 사람들과는 다르게 파트너는 자신을 있는 그대로 받아들여 주었고 그로 인해 신경다양인 파트너는 관계 속에서 편안함과 안전감을 느끼며 점차 본래의 모습을 드러내게 된다. 하지만 시간이 흐르면서 신경전형인 파트너는 신경다양인 파트너가 예전만큼 감정적 에너지를 관계에 쏟지 않고 거리감을 두는 것 같다고 느끼며 불만을 표현하기 시작한다. 비난이 쌓이고 상호작용에 점점 긴장감이 더해지면서 한때 안전한 안식처였던 관계는 신경다양인 파트너에게 위협으로 다가오게 된다. 신경계는 '투쟁-도피-얼어붙기' 반응을 일으키며 그들을 회피 행동으로 이끈다. 결국 신경다양인 파트너는 관계에서 물러서게 되고 이에 따라 신경전형인 파트너는 더 강한 요구, 압박 또는 위협적인 방식으로 대응하게 되면서 관계의 안정감과 신뢰는 더욱 약해진다.

추격자-도망자 커플의 패턴

신경다양인-신경전형인 커플 관계에서 종종 나타나는 전형적인 역학관계 중 하나는 바로 '추격자-도망자' 패턴이다. 친밀감을 둘러싼 관계의 흐름 속에서 신경전형인 파트너는 정서적 연결이 부족하다고 느끼며 그 욕구를 표현하지만 이러한 표현은 신경다양인 파트너에게는 비난으로 받아들여지는 경우가 많다. 신경다양인 파트너는 위협에 민감하게 반응하는 예민한 신경계를 갖고 있기 때문에 이러한 비난에 쉽게 위축되며 종종 관계에서 물러나게 된다. 때로는 먼저 분노나 비난으로 반응한 후 회피로 이어지기도 한다. 이러한 신경다양인 파트너의 회피는 신경전형인 파트너에게는 버림받음이나 무시당함 혹은 존중받지 못함으로 해석되기 쉽다. 그 결과 신경전형인 파트너는 더욱 강하게 불만을 표현하고 이 악순환은 두 파트너 모두가 좌절하고 서로 멀어지게 될 때까지 계속된다. 이때 신경전형인 파트너는 자신의 불만을 정당하다고 느끼며 "보통 사람이라면 누구라도 다 이해할 거야." 혹은 "이걸 이해하지 못하는 사람은 당신밖에 없어!" 같은 말을 통해 다양한 신경전형인 관점을 근거로 자신의 입장을 강화하려 한다.

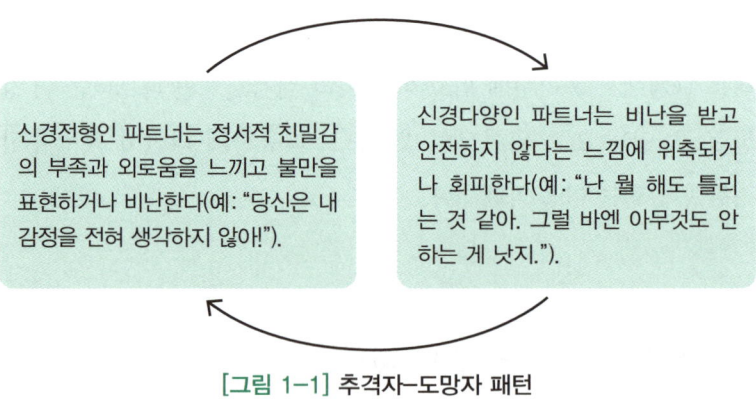

[그림 1-1] 추격자-도망자 패턴

이런 '추격자-도망자' 패턴([그림 1-1] 참고)은 커플이 관계 속에서 각자의 고착된 역할을 쉽게 벗어나지 못하고 갈등이 심화되는 대표적인 원인 중 하나다. 각자는 상대방이 문제의 '원인'이라 여기고 상대만 바뀌면 삶이 훨씬 나아질 것이라고 생각한다! 하지만 이러한 패턴은 각자가 왜 그런 행동을 하게 되는지(미해결 욕구)를 이해하고 현재의 관계를 조금 더 객관적으로 바라보며 자신의 욕구를 더 생산적이고 건강한 방식으로 표현하기 시작하면 변화될 수 있다. 물론 이 과정은 말처럼 쉽지 않으며 특히 오랫동안 반복되어 온 상호 작용일 경우 이를 바꾸는 데에는 시간과 노력이 필요하다. 때로는 '들여다보는 것'만으로도 패턴의 변화가 시작될 수 있다! 이 책은 당신이 이러한 관계 패턴을 알아차리고 서로에게 더 만족스럽게 연결될 수 있는 방법을 찾는 데 도움이 될 것이다.

신경다양성 안의 다양한 스펙트럼

이 책은 인간 발달 이론을 바탕으로 신경다양인 파트너가 겪는 발달 차이가 관계에 어떤 영향을 미칠 수 있는지를 신경다양성 커플과 함께 들여다보려는 의도로 쓰였다. 다만 이 책은 신경다양성 관계에 대한 실증적 연구 기반 위에서 쓰인 것은 아니다. 왜냐하면 아직까지 신경다양성 커플을 대상으로 한 연구는 매우 제한적이기 때문이다. 또한 이 책은 구체적인 해결책이나 조언을 제공하는 가이드 북이 아니라 신경다양성이 당신의 관계 속에 어떻게 스며들어 있는지를 보여 주고 그 이해를 바탕으로 서로 간의 상호작용과 정서적 연결(혹은 단절)을 더 깊이 이해할 수 있도록 돕는 데 목적이 있다.

신경다양성은 말 그대로 정말 다양하다! 이 책에 담긴 내용 중 일부는 당신 혹은 당신의 관계에 딱 들어맞을 수 있지만 그렇지 않은 부분도 있을 것이다. 이 책은 '모든 사람에게 맞는' 해답을 제시하지 않는다. 당신에게 도움이 되는 내용은 취하고 그렇지 않은 부분은 이 책을 읽는 다른 사람들에게는 맞을 수도 있다는 점을 기억해 주길 바란다. 신경다양성에는 다양한 형태가 존재하고 각 유형 안에서도 개인차는 매우 크다. 그럼에도 불구하고 이 책을 통해 당신이나 당신의 관계가 반영된 부분을 발견할 수 있을 것이다. 신경다양인과 신경전형인이 친밀한 관계를 맺게 되면 일정한 관계의 패턴이 형성되는데 이 책은 상호작용 속에서 자주 반복되는 공통의 패턴들을 보여 주고자 한다.

이 책에는 신경다양인들이 털어놓은 솔직한 내면의 생각들도 담겨 있다. 이러한 내용은 주로 누구나 자유롭게 접근할 수 있는 온라인 커뮤니티의 글을 바탕으로 수집하거나 각색한 것이다. 관련 정보는 개인의 신원이 식별되거나 특정 특성이 노출되지 않도록 신중하게 처리되었다.

끝으로 이 책은 언어적이거나 비언어적 표현을 통한 사회적 의사소통 능력에 심각한 어려움이 있어 매우 높은 수준의 많은 지원이 필요한 사람들에게는 직접적인 도움이 되지 않을 수 있다.

왜 이 책을 읽어야 할까

당신이 신경전형인이고 신경다양인 파트너와 관계를 맺고 있다면 두 사람의 사고방식이 어떻게 다를 수 있는지를 이해할 필요가 있다. 우리는 흔히 다름 속에 숨어 있는 아름다움을 인정하고 받아들이기보다는 문제시하거나 비정상이라 여기곤 한다. 당신이 파트너를 처음 만났을 때를 떠올려 보면 아마 그때 당신을 끌어당긴 건 바로 '나와 다름'이었을 것이다. 이 책은 그러한 차이를 더 깊이 이해할 수 있도록 도와주고 파트너를 더 잘 이해하는 동시에 종종 신경학적 기반에서 비롯된 반응들 때문에 겪는 좌절감을 줄이는 데 도움을 줄 수 있다. 당신의 파트너가 일부러 당신을 화나게 하거나 불쾌하게 하거나 멀어지려는 것이 아니라는 사실을 알게 되는 것만으로도 큰 안도감을 느끼게 될 것이다. 만약 당신이 전혀 알지 못하는 언어, 문화, 사회 규범이 존재하는 행성에 떨어졌다고 상상해 본다면 당신은 어떤 감정을 느낄까?

당신이 신경다양인이라면 당신과 파트너가 마치 서로 다른 세상에서 온 사람들처럼 서로 다르게 사고하고 느낀다는 점을 이해하는 것이 관계에 큰 도움이 될 수 있다. 서로 간의 차이를 인정하고 문화 차이를 이해하는 것처럼 접근할 때 관계를 유지하는 데 필요한 정서적 친밀감을 나눌 수 있다. 모든 문제가 해결되지는 않겠지만 서로를 이해하는 것만으로 관계 안에서 수용과 신뢰를 높이고 서로에 대한 연결감은 훨씬 단단해질 수 있다. 신경다양성의 일부 측면이 어려움을 줄 수도 있지만 이 책은 남들과 다르다는 사실에서 오는 많은 강점을 인정하고 재발견하는 데 도움을 줄 것이다. 비유적으로 말하자면 이 책은 비록 당신이 서로 다른 행성에서 왔다고 하더라도 서로의 궤도를 맞추어 같은 방향으로 함께 나아갈 수 있다는 것을 느끼게 해 줄 것이다!

02

서로 다른
궤도에서
함께 살아가기

신경다양인 파트너는 상대의 사고 과정을 이해함으로써
상대를 이해하려고 하는 반면, 신경전형인 파트너는
일반적으로 자신의 감정을 공감받음으로써 이해받기를 원한다.
이러한 불일치는 결국 두 사람 모두를 지치게 만들 수 있다.

　신경다양성 커플이 상담실에서 얘기하는 가장 흔한 문제는 서로 연결되어 있다는 느낌을 받지 못한다는 것이다. 이 문제를 먼저 제기하는 것은 주로 신경전형인 파트너이며, 그들이 상담을 받기 위해 상담신청을 하기도 하고, 만약 심하게 좌절한 경우에는 '내가 모든 일을 하는 것에 지쳤다.'라는 이유로 신경다양인 파트너에게 상담을 예약하라고 요청하기도 한다. 이런 커플들은 더 이상 같은 궤도 안에 머물지 못하고, 연결감의 부족과 매일의 일상생활에서 반복되는 갈등으로 인해 좌절감을 느낀다. 이번 장에서는 연결감 부족에 기여하는 몇 가지 신경발달적 차이와 신경전형인과는 다르게 신경다양인에게 나타나는 발달 개념인 **공동 관심**^{Joint Attention}과 **마음이론**^{Theory of Mind}에 대해 살펴볼 것이다.

공동 관심

신경다양인: '지루하고' '복잡한' 기술 정보를 저만큼이나 흥미롭게 생각하는 사람이 있었으면 좋겠어요! 제 파트너가 오늘 하루 어땠냐고 물어보면, 전 그 사람이 이해할 수 있는 기본적인 문장 하나로 '단순하게 설명'해야 했어요. 너무 외로워요.

신경전형인: 제 여자친구는 대화를 이어 나가는 데 문제가 있어요. 혼자서 한 번도 멈추지 않고 10분 이상 얘기를 할 수 있지만, 제가 말을 시작하면 바로 관심을 꺼 버려요. 정말 답답해요!

관계 속에서 무언가를 함께 나누려면 발달 심리학자들이 '공동 관심'이라고 부르는 것이 필요하다. 이는 대화하는 두 사람이 서로의 관심사가 겹치는 하나의 주제에 집중하고 논의하는 것을 의미한다. 우리가 아기였을 때에는 부모의 시선이나 손가락이 가리키는 방향을 따라가며 무언가를 바라보는 방식으로 이러한 능력을 배운다. 나이가 들어감에 따라 우리는 언어를 사용해서 공동 주의집중을 하게 된다. 일반적으로 대화는 한 가지 주제에 집중하면서 서로 주고받는 상호작용으로 이루어진다. 공동 관심은 우리가 의도, 생각, 기억, 관찰 및 경험을 다른 사람과 공유하는 데 도움이 되며, 이는 관계의 친밀감과 거리감을 조절하는 데 중요한 역할을 한다(Caruana et al., 2018).

커플 관계에서 우리는 하루에도 여러 번 파트너의 관심을 얻기 위한 신호를 보낸다. 결혼 연구자 존 가트만^{John Gottman}(2004, 2015)에 따르면, 우리는 파트너에게 관심, 수용 또는 지지를 받기 위해 신호를 보낸다고 한다. 이는 "나랑 같이 놀래?"의 성인 버전이다. 커플이 매일 연결감을 가지기 위해 보내는 신호에 서로 반응할수록, 가트만이 말한 '감정은행 계좌^{emotional bank account}'를 잘 구축하게 된다. 일반적으로 감정은행 계좌의 잔액이 많을수록 갈등을 더 쉽게 해결할 수 있다. 안타깝게도 신경다양인 파트너는 공동관심을 유지하는 데 어려움을 겪기 때문에 신경전형인 파트너는 종종 좌절감을 느낀다. 신경다양인 파트너가 신경전형인 파트너의 활동이나 관심사에 집중하는 것을 어려워할 때, 신경전형인 파트너는 상대방이 자신을 좋아하지 않아서 자신의 삶에 관심을 두지 않는다고 생각하곤 한다. 이로 인해 점점 거리감이 생기고, 신경다양인 파트너는 자신의 관심사에는 열정적으로 몰두하지만, 신경전형인 파트너의 관심사에는 신경

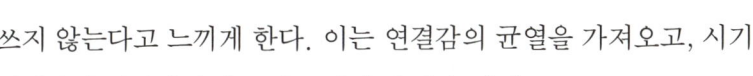

쓰지 않는다고 느끼게 한다. 이는 연결감의 균열을 가져오고, 시기적절하게 해결하지 않으면 문제가 커질 수 있다.

커플이 연애 초기에는 공통 관심사와 활동으로 시작했지만 시간이 지남에 따라 서로 멀어지는 것을 발견하면 절망스러울 수 있다. 일반적으로 신경다양인 파트너는 자신의 관심사에 몰두하고 있기 때문에 이러한 변화를 쉽게 알아차리지 못하는 경향이 있다. 그러다 보니 '더 이상 함께하는 게 없다.'라는 경종을 울리는 것은 신경전형인 파트너이다. 신경다양인 파트너는 파트너가 행복하지 않은 것은 아는데, 그 이유는 이해하지 못할 수 있다. 신경전형인 파트너는 자신의 친밀감의 욕구를 충족시키기 위해 별도의 삶을 만들기 시작하기도 하며, 그 방식에 따라 관계에 긍정적 또는 부정적인 영향을 미칠 수 있다.

> 발달적으로 신경다양인은 관계 내에서 친밀감과 거리감을 조절하는 데 도움이 되는 공동 관심을 갖고 유지하는 데 어려움을 겪는 경우가 많다. 공통의 관심사가 있는 경우에는 잘 지내지만 자신이 흥미를 느끼지 않는 파트너의 관심사에 관심 있는 척하는 것은 어려울 수 있다.

생일, 기념일 및 기타 재난들

신경다양인: 저는 날짜(특히 생일과 기념일)를 기억하는 게 상당히 어려워요. 생일이나 다른 전통적인 행사들은 저에게 쓸데없는 스몰토크처

럼 무의미해요. 저는 파트너의 생일이 정확히 언제인지 기억하는 것도 어렵고, 미리 선물을 준비하는 것도 힘들어요. 생일을 잊어 버리는 걸 만회하기 위해 일 년 내내 선물을 준비해야 할까요?

신경전형인: 남편이 제 생일을 잊은 게 이번이 2년째예요. 그는 잊지 않으려 고 휴대폰에 입력해 두겠다고 했어요. 유치하게 굴지 않으려고 노력 중이지만 제 생일은 저에게 중요하다구요!

특별한 행사에는 계획이 필요한데, 이는 신경다양인 파트너의 실 행 기능의 결함을 자극할 수 있다. '실행 기능'은 조직화하고, 계획 하고, 스케줄링을 하는 것을 포함한 인지 과정을 의미하며 이는 7장 에서 더 자세히 다룰 예정이다. 이러한 인지 과정에 어려움이 있으 면 생일, 기념일, 연휴들을 기억하고 가족 모임을 계획하는 일들을 신경전형인 파트너가 도맡아 만드는 결과로 이어진다. 이러한 유형 의 행사들이 신경다양성 커플 관계에서 갈등 요인이 되는 것은 드문 일이 아니다. 신경다양인 파트너는 이러한 이벤트가 파트너에게 충 분한 관심을 가지고 있다는 것을 보여 주기 위해 반드시 지나야 하 는 '통과의례'라고 생각하여 긴장감을 느낄 수 있다. 신경전형인 파 트너는 일상생활의 실행 기능을 수행하는 데 아주 많은 부담을 느끼 기 때문에, 특별한 날에는 파트너가 자신의 노고를 알아주고 적절한 보상을 해 주기를 은근히 바라는 경우가 많다. 그들은 계획하고, 정 리하고, 업무를 관리한 자신의 노고에 대한 상호적인 보답을 기대하 며, 특별한 날이 실망스럽게 지나가면 관심 부족으로 해석할 가능성 이 크다. 이러한 패턴이 반복되면 특별한 날은 의도치 않게 재난으 로 바뀔 수 있다. 일부 파트너는 이러한 이벤트가 자신에게 중요하 지 않다고 말하며 방어적인 태도로 대처하는데, 이는 일시적으로는

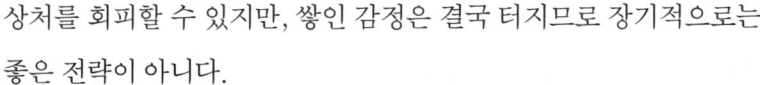

상처를 회피할 수 있지만, 쌓인 감정은 결국 터지므로 장기적으로는
좋은 전략이 아니다.

　이 말은 신경전형인 파트너는 상대의 생일을 기억하고 챙기는 사
람이지만, 정작 자신의 생일은 기억되지 못할 수 있음을 의미한다.
기념일을 챙기는 것의 중요성이 간과될 수 있다. 또는 신경전형인
파트너는 자신의 파트너가 어떤 선물을 좋아할지 정확히 알고 있지
만, 신경다양인 파트너는 파트너에게 어떤 선물이 의미 있는지 전혀
모를 수 있다. 관계의 중요한 기반 중 하나는 결혼 연구자 존 가트만
(2004, 2015)이 말하는 '사랑의 지도$^{love map}$'이다. 사랑의 지도는 파트
너가 좋아하는 것, 싫어하는 것, 그들의 희망과 꿈 등에 대한 정보를
저장하는 공간이다. 이러한 지도는 최신 정보를 유지하기 위해 지속
적인 업데이트가 필요하다. 예를 들어, 좋아하는 음식은 시간이 지
나면서 바뀔 수 있다. 감정적 상호성$^{emotional reciprocity}$의 어려움 때문
에 신경다양성인 파트너가 사랑의 지도를 지속적으로 관리하는 것
이 어려울 수 있다. 신경다양인 파트너는 자신이 좋아하는 것을 상
대방도 좋아할 것이라고 생각했다가 상대방이 화를 내거나 실망하
는 것을 보면 당황할 수 있다.

　신경다양인 파트너가 온갖 종류의 사실, 숫자 또는 모호한 정보를
기억하는 것을 볼 때 신경전형인 파트너는 특히 좌절감을 느낀다.
그러나 '관련성 있는' 데이터를 인코딩하는 방식은 사람마다 다르며,
신경다양인의 경우 역사적 사실이나 숫자와 같이 자신에게 흥미로
운 것은 쉽게 기억하지만, 생일이나 기념일과 같이 일상적인 영역은
같은 수준의 흥미를 유발하지 않는다. 자폐 스펙트럼에 속하는 사람
들은 비사회적 사실들에 비해 사회적 정보를 기억하는 데 어려움을
겪는다는 증거가 있으며(Boucher & Bowler, 2008), 성인 ADHD 환자

도 기억 인코딩 단계에서 학습 결손으로 인해 기억력 저하를 경험한
다(Skodzik, Holling, & Pedersen, 2017). 다시 말하면, 이런 차이는 신
경전형인 파트너에게뿐만 아니라 사회적으로도 병리화되는 경향이
있으며, 잠재적으로 신경다양인이 스스로를 실패자처럼 느끼게 만
들 수 있다.

　감정적 상호성의 어려움과 실행 기능의 부족에 기억력 결핍까지
더해진다면, 특별한 날이 두 사람 모두에게 끔찍한 악몽같이 느껴지
게 하는 완벽한 레시피가 될 수 있다!

★★

생일, 기념일 및 기타 중요한 행사들은 감정적으로 빠지기 쉬운 늪처
럼 작용하여 커플들에게 좌절감을 안겨 줄 수 있다. 신경전형인 파
트너는 종종 자신이 충분히 인정받지 못한다고 느끼며 이러한 중요
한 날들이 기억되고 기념되기를 원한다. 반면, 신경다양인 파트너는
특별 이벤트의 계획 및 수행과 같은 실행 기능 문제가 있을 때 지뢰
밭처럼 느끼곤 한다. 중요한 이벤트가 간과될 때 관심이 부족한 것
처럼 보일 수 있지만, 이는 종종 감정적 상호성과 계획, 조직 및 업무
관리와 같은 실행 기능 문제라는 두 가지 모두의 어려움으로 인한
것이다.

★★

감정적 상호성

신경다양인: 저는 소시오패스가 아니에요. 저도 기쁨도 느끼고, 슬픔도 느
　　　　　끼고, 사랑도 느껴요. 저는 친구와 가족을 매우 아끼고, 그들을

돕고 싶어 하고, 좋은 사람이 되기 위해 열심히 노력해요. 제 인생에서 소중한 사람들을 잃으면 큰 상실감에 마음이 무너져요. 하지만 저는 공감을 하려면 일반적인 방식과는 다른 관점에서 생각해야 하는데, 공감이 저에게 자연스럽게 떠오르는 감정은 아니에요. 저는 매우 자기 중심적이어서, 인간관계에서 항상 갈등이 있어요. 어떤 일이 생기고 나서 한참 지나고 나서야 제 파트너의 입장에서 생각을 할 수가 있어요.

신경전형인: 제 남자친구는 신경다양성 스펙트럼에 속하고 저는 신경전형인이에요. 그는 저의 인간적인 실수를 가지고 너무 심하게 화를 내요. 처음에는 그가 저를 울리는 상황에서조차 저를 신경 쓰지 않는다고 생각했지만, 제가 우는 이유가 자신의 분노 때문이라는 것을 이해하지 못한다는 것을 깨달았어요. "내가 지금 왜 화가 난 것 같아?"라고 물어도 그는 이해하지 못했고, 그는 자신의 분노에 집중하고 있었어요. 저는 그가 신경전형인으로 행동하고 반응하기를 기대했는데, 그렇지 않아서 제가 혼란스러웠다는 것을 깨달았어요.

다른 사람의 감정 상태를 인식하는 것은 신경다양인에게는 종종 도전이 된다. 감정을 인식하려면 얼굴 표정, 목소리의 억양, 보디랭귀지, 맥락에 대한 이해 등 다양한 채널의 단서를 통합해야 한다. 이러한 이유로 신경다양인은 다른 사람의 마음을 읽는 데 어려움을 겪을 수 있으며, 이는 사회 불안의 원인이 되고는 한다. 커플 관계의 맥락에서 그들은 파트너의 생각과 감정을 어느 정도 짐작할 수는 있지만 일관되게 이해하는 데에는 어려움을 겪을 수 있다. 또한 신경다양인 파트너는 사회적 가면을 써서 감추고 하루를 버티는 데 많은 에너지를 소비한 나머지, 파트너의 삶을 돌아볼 여유가 없을 수 있다. 그렇다고 해서 신경다양인 파트너가 감정이 없다는 뜻은 아니며, 실제로 많은 신경다양인이 오히려 불편할 정도로 높은 수준의 공감 능력을 가지고 있다. 하지만 이를 표현하는 방식이 다르거나 감지하기 어려울 수 있다. 표현하는 방식에 어려움을 겪다 보니 신경다양인 파트너가 그냥 "당신 마음이 이해가 돼."라는 말을 하지 못해 신경전형인 파트너의 정서적 연결감을 놓치게 만든다.

이를 신경다양인들에게 감정이 없다고 오해해서는 안 되며, 그것은 전혀 사실이 아니다. 사실은 그들이 그 감정들을 이해하고 표현하는 데 어려움이 있다는 것이다.

이러한 감정적 상호성의 결여로 인해 신경다양인 파트너에게 '자기애적^{narcissistic}'이라는 꼬리표가 붙는 경우가 드물지 않다. 그러나 나르시시즘에는 일반적으로 타인의 주목을 받고 싶어 하는 욕구도 포함된다. 하지만 대부분의 신경다양인은 사회 불안 때문에 관심의 중심이 되는 것을 피한다. 자기애적인 성향과 신경다양성의 특성이 반드시 서로 배타적인 개념은 아니지만, 실제로는 진짜 자기애성 성향이 있어서가 아니라 감정적 상호성의 부족이 이러한 꼬리표를 붙이는 원인이 되는 경우가 많다.

> 신경다양인은 다른 사람의 감정을 읽는 데 어려움을 겪을 수 있으며, 이로 인해 신경전형인 파트너가 이해받지 못한다고 느끼거나 심지어 외로움을 느끼게 만들 수 있다. 마찬가지로, 신경전형인 파트너가 자신의 감정을 투명하게 표현하고 명확하게 전달하지 않으면 신경다양인은 감정적 상황에서 혼란을 느낄 수 있다.

마음이론

신경다양인: 아스퍼거 증후군이나 ADHD가 있다는 것은, 마치 당신을 제외한 다른 사람들은 모두 연극대본을 가지고 있는데, 당신이 즉흥 연기를 한다고 다른 사람들이 화를 내는 것과 같아요.

신경전형인: 저는 이제야 저의 오랜 파트너와 제가 겪는 문제들이 그가 제 뇌의 작동 방식을 이해하지 못하고, 저도 그의 뇌 작동 방식을 이해하지 못해서 생긴 문제라는 것을 깨닫기 시작했어요. 그는 마음을 잘 열지 않고 고집이 세며, 너무 많은 감정적인 대화는 그를 압도할 수 있더라고요.

마음이론이란 자신 또는 타인의 정신 상태(예: 신념, 의도, 감정, 행동)를 추론할 수 있는 능력을 의미한다. 이는 다른 사람들이 자신과는 다른 신념, 욕구, 관점을 가질 수 있다는 것을 이해하는 것이다. 이 능력은 우리가 다른 사람의 행동을 분석하고 판단하며 추론하는 데 도움을 준다. 이는 자신과 타인에 대한 일반적인 인식을 포함한다(Astington & Edward, 2017). **일부 신경다양인은 마음이론이 부족하지만, 모두 그런 것은 아니며**(Gernsbacher & Yergeau, 2019), 이는 신경전형인과 마찬가지로 사람마다 차이가 있다. 때로는 신경다양인 파트너는 상대방의 생각에 대해 오랜 시간 고민하고 있음에도 불구하고 자신의 생각을 말로 표현하지 않아서, 신경전형인 파트너가 이해받지 못한다고 느낄 수 있다. 또 다른 경우에는 제한된 마음이론으로 인해 연결감의 부족이 발생하기도 한다.

신경전형인 사람은 신경다양인 파트너가 자신을 이해한다는 표현을 부족하게 한 경우 좌절감을 느낄 수 있고, 때로는 파트너가 자신의 삶에 대해 알아봐 주고 공감해 주지 않을 때 자신의 현실이 부정당하는 느낌을 받을 수 있다. 또한 많은 신경다양인 파트너가 뛰어난 논리력을 가지고 있어 논리적인 주장을 고집하며 즐기기도 하는데, 이로 인해 신경전형인 파트너는 자신의 현실을 방어하려다 지치게 된다. 이는 신경전형인의 자신감을 약화시킬 수 있으며, 파트너에게 인정받지 못하고 있다고 느끼게 한다. 이는 일반적으로 기대의 불일치 때문에 발생한다. 신경다양인 파트너는 상대의 사고 과정을 이해함으로써 상대를 이해하려고 하는 반면, 신경전형인 파트너는 일반적으로 자신의 감정을 공감받음으로써 이해받기를 원한다. 이러한 불일치는 결국 두 사람 모두를 지치게 만들 수 있다.

신경다양인 파트너의 경우, 마음이론이 제한적으로 작동한다면 파트너의 관점을 이해하는 것이 매우 어려울 수 있다. 그들은 자신의 관점이 '옳은' 것이라고 주장하며, 자신이 '옳다'고 생각하는 것을 제시할 때 상대방이 왜 속상해하거나 화를 내는지 이해하지 못한다. 분명히 모두가 진실을 알고 싶어 할 것이고, 자신은 단지 그것을 친절하게 제공하고 있을 뿐이라고 생각한다. 대부분 신경학적 차이로 인해 타인의 입장에서 사고하는 기술이 충분히 발달하지 않아서 자신의 파트너가 어떻게 반응할지 예측할 수 없을 때 신경다양인들은 크게 당황하게 된다. 무엇이 '파트너를 화나게 할지' 모르기 때문에 이는 종종 '살얼음 위를 걷는' 느낌을 받는다. 그들은 무신경하게 들리거나 심지어 직접적으로 상처를 주는 말을 하기도 한다. 명확한 의사소통이 부족하게 되면 이러한 역동이 관계를 손상시킬 수 있다. 신경전형인 파트너는 "당신이 ~라고 말했을 때 정말 상처받았어."라고 직접적으로 말을 해야, 신경다양인 파트너가 자신의 말이 어떻게 전달되었는지를 인식할 수 있게 된다.

이것을 이해하지 못하면, 마음이론의 차이가 끝없는 갈등의 악순환을 불러올 수 있다. 신경전형인은 일반적으로 신경다양인 파트너의 감정 세계 지도가 커플의 의사소통에 반영될 수 있기를 기대한다. 한 신경다양인 파트너는 그들의 논쟁에 대해 다음과 같이 설명했다. "저는 논쟁의 목적이 서로에게서 배우는 것이라고 생각해요. 만약 우리 중 한 사람이 다른 사람보다 '더 옳다면' '덜 옳은' 사람은 '더 옳은' 사람으로 변화될 수 있겠죠. 저에게 있어 친밀감은 제가 상대방에 의해 교정되고 변화될 만큼 신뢰할 수 있을 때 생겨 납니다." 신경다양인의 마음이론을 이해하지 못하면, 특히 갈등을 이해하는데 있어 서로의 세상을 연결할 방법을 찾기 어려워진다.

마음이론이란 다른 사람들의 신념, 의도, 감정, 행동이 우리 자신의 것과 다를 때에도 그것을 이해할 수 있는 능력을 의미한다. 두 파트너 모두 아직 발달되지 않은 마음이론 때문에 괴로워하곤 한다. 신경다양인 파트너는 상대방의 관점이 자신의 관점과 다르다는 것을 이해하는데 어려움을 겪을 수 있으며, 신경전형인 파트너는 파트너가 어떻게 생각하는지, 특히 갈등의 목적을 어떻게 보는지에 대한 차이를 이해하지 못할 수 있다.

03

초집중과 특별한 관심사들······ 슈퍼파워인가 아니면 치명적인 약점Kryptonite인가

모든 신경다양인이 템플 그랜딘이나 아인슈타인,
빌 게이츠와 같은 수준의 성과를 내기를 기대한다면,
많은 신경다양인이 신경전형적 세상에서 살아가느라 겪는
어려움의 수준을 무시하는 것이다.

　신경다양인은 일반적으로 다른 사람들에게 눈에 띄는 두 가지 뛰어난 특징, 즉 초집중^{hyperfocus}과 특별한 관심사를 가지고 있으며, 이 두 가지는 함께 있는 경우가 많다. 이러한 특성은 큰 강점이 될 수 있으며, 실제로 신경다양인 파트너가 빛을 발하는 이러한 영역들이 그들의 파트너가 처음에 그들에게 매력을 느낀 부분일 수 있다. 동시에, 슈퍼파워처럼 보이는 이러한 특성은 두 사람이 함께 지내면서 커플 관계 속에서 약간의 긴장을 유발할 수 있다.

초집중

신경다양인: 좋은 점은 제 전문 분야가 저의 특별한 관심사와 일치하기 때문에 직업적으로는 성공하고 있다는 거예요. 제가 과도하게 집중하는 분야에서는 뛰어난 성과를 내지만, 그 대가로 아이들이나 애완동물, 청구서를 납부하는 일, 심지어 제 자신의 건강에 대해서조차 소홀해지죠. 전 다른 사람들을 실망시키는 데 지쳤어요. 제가 다른 일을 하고 있을 때 남편이 저에게 하는 말을 놓치면 남편은 제가 자기를 무시한다고 화를 내곤 해요. 제가 의도한 바는 아니지만, 남편의 말을 듣고 나서 한참 뒤에야 무슨 일이 일어났는지 알아차리게 되는 것 같아요.

신경전형인: 우리가 처음 만났을 때 아내는 저에게 집중했었는데, 그 관심이 사라지는 것 같았을 때 정말 상처받았어요. 아내는 여전히 저를

아끼고 있다고 말하지만, 저는 저희가 예전에 가졌던 강렬한 느
낌이 그립고, 관심이 식은 것 같아 상처를 받게 되죠. 저는 혼란
스럽고 중요하지 않다는 느낌이 들고, 요즘에는 그녀가 제 말
에 귀 기울이도록 하는 게 저에겐 진짜 큰 도전이에요. 대부분
의 날이 너무 외로워요.

신경다양성을 지닌 사람은 당면한 관심사에 뛰어난 초집중 능
력을 가지고 있다. 초집중은 재미나 흥미를 느끼는 일에 완전히 몰
입하여 다른 모든 것을 효과적으로 무시하는 현상이다(Ashinoff &
Abu-Akel, 2019). 종종 신경전형인이 신경다양인에게 끌리는 부분
이 특정 분야에 대한 전문성을 보유하거나 그걸 발전시키며 탁월한
능력을 발휘할 수 있는 놀라운 초집중 능력이다. 신경다양인은 놀랍
고 흥미롭고 매력적인 사람이다! 자폐나 ADHD와 같은 신경발달장
애를 가진 사람들에게서 초집중이 더 자주 나타난다는 증거도 있다
(Ashinoff & Abu-Akel, 2019).

파트너가 가진 강렬하고도 특별한 관심사들에 대응하기 위해 신
경전형인 파트너는 파트너가 필요할 때 그들을 현실로 돌아오게 하
려고 애쓰다가 좌절감을 느낀다. 신경다양인 파트너의 레이저 같은
집중력이 그들을 사로잡으면, 일상의 인간적 필요는 뒷전으로 밀려
나고 언제 지구로 돌아올지를 예측할 수 없게 된다. 신경전형인은
처음에는 이러한 몰입을 '별난 성향'으로 여기지만, 시간이 지날수록
정서적인 연결이 어렵고 자신이 우선순위에서 밀린다고 느끼며 관
계가 시작될 때 빛나던 매력이 퇴색되기 시작한다. 신경전형인 파트
너는 종종 "저는 그 사람의 우선순위에서 맨 마지막에 있는 경우가
많아요."라고 토로한다.

신경다양인 파트너의 놀라운 초집중 능력으로 인해 신경전형인 배우자는 소외되거나 무시당한다는 느낌을 받을 수 있다. 대부분은 신경다양인 파트너가 초집중 상태일 때 현재의 순간으로 다시 돌아오도록 하기 위해 할 수 있는 일은 거의 없다고 말한다.

특별한 관심사들

신경다양인: 저는 해부학과 생리학에 특별한 관심을 갖고 있어요. 그건 저의 직업(의료) 세계와는 잘 맞아 떨어지지만, 항상 그 주제에 대해서만 생각하게 되요. 누구와 대화를 해도 결국 의학 이야기로 흐르게 되고, 제가 지나치게 사적인 질문을 하고 있다는 것을 알아차리기도 어려워요. 저의 특별한 관심사가 어디서 왔는지, 또는 왜 제가 그걸 좋아하는지 설명할 수는 없지만 그냥 좋아해요. 그 외의 다른 일을 하거나 다른 생각을 하는 게 어려울 뿐이에요.

신경전형인: 저는 저의 파트너가 직장에서 뛰어난 성과를 낸 것에 대해 정말 자랑스러워요. 하지만 파트너가 저와 함께 시간을 보내기보다는 일에 더 많은 시간을 쏟는 모습에 실망할 때가 많아요. 자기 일 말고 다른 주제에 대해 대화를 나누기가 어려워요. 저는 우리 관계에 좀 더 정서적인 깊이가 있기를 정말 원해요!

신경다양인은 특별한 관심사나 주제에 대해 전문가가 되는 것으로 알려져 있다. 잠재적인 특별한 관심사의 범위는 우주만큼이나 광

범위하다. 고독을 잘 견디는 성향과 초집중이 결합되면 놀라운 수준의 특별한 관심사들이 개발 가능한 조건이 된다. 신경다양인이 특별한 관심사와 자신의 직업을 일치시킬 수 있다면 엄청난 성과를 거둘 수 있다. 하지만 신경전형인 파트너가 이러한 신경다양인의 특별한 관심사를 공유하지 않는다면 공동 관심이 부족해지는 문제가 더욱 심화될 수 있다. 그로 인해 신경전형인 파트너는 자신의 필요가 특별한 관심사보다 후순위로 밀려난다고 느끼게 된다.

이는 일반적으로 신경다양인 사람이 의도한 게 아니라 그들의 뇌 스타일에서 비롯된 부산물이다. 신경전형인에게 취미는 의식적인 선택으로 여겨지는 것과는 달리, 신경다양인에게 특별한 관심사에 대한 집착은 강박적으로 느껴질 수 있다. 초집중은 막대한 전문성을 가져다주는 동시에 그 특별한 관심사를 공유하지 않는 다른 사람들과는 정서적 거리감을 만들기 때문에 신경다양인에게는 양날의 검이 될 수 있다.

신경다양인이 파트너를 처음 만났을 때는, 파트너를 자신의 '특별한 관심사' 중 하나로 삼고 완전히 몰입할 수 있다. 하지만 시간이 지나면서 이 관심은 주의가 약해짐에 따라 변화하고, 신경전형인 파트너는 속았다거나 사기당했다는 느낌을 받게 된다. 그들은 신경다양인 파트너로부터 특별한 존재로 느껴졌던 시절을 그리워하게 된다.

하지만 모든 사람이 특별한 관심사를 발전시키는 것은 아니며 대중문화에서 비롯된 고정관념도 해를 끼칠 수 있다. 모든 신경다양인이 템플 그랜딘이나 아인슈타인, 빌 게이츠와 같은 수준의 성과를 내기를 기대한다면, 많은 신경다양인이 신경전형적 세상에서 살아가느라 겪는 어려움의 수준을 무시하는 것이다.

다 그런 건 아니지만, 많은 신경다양인이 의미 있는 특별한 관심사를 발전시킨다. 이러한 관심사가 공유된 것이 아니면, 신경다양인 파트너는 자신의 특별한 관심사에 많은 시간과 에너지를 투자하는 반면, 시간이 지나면서 인생의 동반자에게는 에너지나 관심이 거의 없는 것처럼 보이고 신경전형인 파트너는 무시당하거나 거절당한 느낌을 받게 된다.

04

소통하기:
수용언어와
표현언어의 차이

'신경다양인은 감정이 없다.'라는 고정관념이 있다.
이는 매우 불공평하고 부정확한 생각이다.
신경다양인들도 감정을 가지고 있고,
그 감정을 강렬하게 느끼기도 한다.
또한 강렬하게 공감할 능력도 있다.
하지만 문제가 되는 지점은 감정을 소통하는 방식이다.

신경다양인: 저는 의사소통을 제대로 하거나 완벽한 방식을 찾지 못하는 것 같아요. 제가 어떤 한 가지에 대해 말하고 있다고 생각할 때, 아내는 제가 완전히 다른 걸 얘기하고 있다고 생각하죠. 정말 답답할 때가 많아요. 아내는 제 말에서 감정이 느껴지지 않고, 우리가 무슨 얘기를 하든 항상 제가 같은 표정을 짓는 걸 힘들어해요. 아내는 이를 무관심, 짜증 또는 분노로 해석해요. 제가 어떤 감정이든 같은 표정을 짓는다는 것을 어떻게 이해시키면 좋을까요? 가끔 제가 농담을 하려고 하는데도 제 얼굴이 '화난' 것처럼 보인다며 진지하게 받아들일 때가 있어요. 저는 저의 감정 상태를 확인해 달라고 요청했지만, 아내는 제게 필요한 직설적 표현이 불편하다고 해요.

신경전형인: 제 남편은 뛰어난 엔지니어링 경력을 가지고 있지만 직장에서 동료들과 끊임없이 문제를 겪고 있어요. 그는 회사 내 정치와 동료들과의 상호작용을 힘들어해요. 저는 남편이 회사에서 가장 똑똑한 사람이라고 확신하지만 그에 대한 평가는 좋지 않아요. 가끔은 저조차도 그가 무슨 생각을 하는지 이해하기 어려울 때가 있어요. 저는 종종 그가 화가 났는지 물어보지만, 그는 얼굴 표정과는 달리 항상 자신은 화난 게 아니라고 부인해요. 저는 그를 이해하려고 애쓰면서 끊임없이 혼란스럽고 답답함을 느껴요.

수용언어란 다른 사람이 말한 것이나 글로 읽은 내용을 이해할 수 있는 능력을 의미한다. 표현언어는 자신의 생각을 말로 표현할 수 있는 능력이다. 이를 '입력'과 '출력'으로 생각할 수 있다. 신경다양인에게 입력(외부 세계로부터 받아들이는 것)과 출력(외부 세계에 표현하는 것)은 신경전형인과 매우 다를 수 있다. 이는 기발한 독창성, 기존의 틀을 벗어난 사고, 창의성을 만들어 낼 수 있지만, 관계에서는 큰 오해를 초래할 수도 있다.

신경전형인이 완벽한 의사소통자라는 의미는 아니다. 신경전형인은 신경전형인 중심의 세상에 살고 있으며 그 렌즈를 통해 세상을 해석한다. 신경다양인 파트너는 표현하거나 이해하는 방식이 신경전형인과 다르기 때문에, 그 차이로 인해 어려움이 생길 수 있다. 신경전형인은 자신의 수용언어적 특성을 통해 얼굴 표정을 해석하지만, 신경다양인 파트너에게는 그러한 해석 방식이 적용되지 않는데, 같은 렌즈로 신경다양인 파트너를 해석하려는 경향이 있다. 이러한 뇌의 차이를 이해하지 못하면, 신경전형인 파트너는 신경다양인 파트너가 '부적절한' 반응이나 표정을 보인다고 판단할 수 있다. 앞의 사례에서와 같이 파트너는 직장에서 이와 관련된 부정적 피드백을 받을 수 있으며, 그로 인해 신경전형인이 신경다양인에게 뭔가 잘못되었거나 바뀌어야 한다는 주장을 더욱 강화시킬 수 있다.

입장을 바꿔서, 대부분의 사람이 얼굴 표정과 보디랭귀지가 제한적인 행성에 신경전형인이 살고 있다고 상상해 보자. 신경전형인은 주변 사람들을 이해하는 데 필요한 단서들이 없기 때문에 제대로 기능을 발휘하는 데 어려움을 겪을 것이다. 신경다양인은 주로 언어에 의존할 것이고, 신경전형인은 얼굴 표정과 보디랭귀지를 찾으려고 애쓸 것이다. 코로나19가 대유행일 때 보디랭귀지, 호흡, 얼굴 표정 등을 통해 추가 정보를 얻는 것이 익숙한 많은 심리치료사가 실제로 이러한 상황을 겪었다. 그들은 줌^{Zoom} 화면을 통해서 이러한 단서들을 찾아야 했고, 많은 사람이 그게 얼마나 피로했는지 토로했다. 미국 기업환경에서는 모든 자극에 주의를 기울이는 것이 너무 피곤하다며 많은 사람이 회의 중 카메라를 끄는 방식을 택했다.

신경다양인에게 특정 표정을 지어 보라고 하면, 그들은 아마도 가식적인 광대가 된 듯한 기분을 느낄 것이다. 그런 표정은 이들에게 정상적이거나 자연스러운 것이 아니다. 또한 일부 사람들은 얼굴 표정에 집중하거나 대화 내용에 집중할 수 있을지는 몰라도, 이 두 가지 모두를 처리하기에는 너무 많은 자극이 될 수 있다.

문자 그대로 해석하기

신경다양인: 제 파트너가 "점심 먹은 후에 집에 있을 거야."라고 말하면 '점심'이 정확히 언제인지 알 수 없고, '후에'가 얼마나 긴 시간을 염두에 두고 말하는 건지 알 수 없어요. "12시에서 1시 사이에 너랑 같이 있을 수 있을 거야. 내가 집에서 나가면서 문자 보낼게."라고 말하는 것이 훨씬 낫습니다. 전 신경전형인이 진짜 어려운 사람들이라고 주장하고 싶어요. 왜냐면 그들은 항상 애매하게 말하고, 내가 그들에게 말하는 대로가 아닌 다른 의미가 있을 거라고 생각하니까요!

신경전형인: 제 파트너는 지시를 정말 문자 그대로 받아들여요. 제가 "장 봐 온 것들 좀 치워 줘."라고 말하면 그녀는 장 봐 온 것들은 치우고 쇼핑백은 싱크대 위에 두고 가요. 왜냐하면 제가 "그런 다음 쇼핑백도 버려 줘."라는 말을 덧붙이지 않았기 때문이죠. 저는

유머 감각이 좋은 편이지만, 저의 비꼬는 말투는 종종 그녀에겐 너무 어려운가 봐요. 제가 비꼬는 톤을 그녀는 알아차리지 못하는 것 같고 제가 진짜 재미있다고 생각하는 농담도 그녀는 전혀 알아차리지 못하는 것 같아요.

일반적으로 의사소통을 할 때 우리는 표정을 통해서 우리가 지금 비꼬고 있다거나 문자 그대로의 의미가 아니라고 상대방에게 알려준다. 또한 특정한 목소리 톤도 같이 사용해서 상대방이 그 말을 진지하게 받아들이지 않아도 된다는 것을 알게 한다. 신경다양인은 종종 비유적인 언어를 어려워하기 때문에, 문자 그대로 받아들이는 경향이 있다. 그들은 '말로 하지 않은' 언어나 그 속에 내포된 '숨겨진' 의미를 잘 이해하지 못할 수 있으며, 누군가가 행복하거나 화가 났을 때 그 언어 밑에 깔린 감정을 놓칠 때가 있다. 심지어 상대방이 비언어적인 표현으로 자신이 명확하게 전달하고 있다고 생각할 때조차도, 그들은 다른 사람의 표정을 '읽는' 데 어려움을 겪는다. 신경다양인은 말한 내용은 파악할 수 있지만, 상대가 어떤 식으로 표현했는지, 그리고 비언어적 의사소통에 담긴 숨겨진 메시지는 놓칠 수 있다.

언어에는 항상 두 가지 수준의 의미가 존재한다. 하나는 명시적 의미(말로 표현된 내용)이고, 다른 하나는 함축적 의미(의미하는 바)이다. "잘 지내?"라는 질문에 대해 "괜찮아."라는 대답이 얼마나 다양한 방식으로 해석될 수 있는가! 말한 사람이 밝고 경쾌하게 "괜찮아."라고 말할 수도 있고, 빈정거리는 듯한 "괜찮아!"일 수도 있으며, 이 짧은 한마디만으로도 수백 가지의 다른 의미가 존재할 수 있다.

신경다양인은 주로 명시적 의미에만 집중하고 함축적 의미를 놓치는 경향이 있어서 그로 인해 파트너가 불만을 갖는 경우가 많다.

예를 들어, 한 여성은 남자 친구가 생일 선물로 귀걸이를 선물한 것에 대해 불만을 토로했다. 두 사람 모두 귀걸이가 예쁘다는 데 동의했고, 그녀는 남자친구가 이렇게 자신을 생각해 준 게 고맙고 기뻤다고 말했다. 하지만 대화 도중 남자친구가 실제로 그 귀걸이를 전부인을 위해 샀지만, 그걸 미처 선물하지 못한 채 이혼하게 됐다는 사실을 알게 되었다. 남자친구가 이것이 얼마나 모욕적인 일인지 이해하지 못한 것에 대해 그녀는 몹시 화가 났고, 남자친구는 그녀가 그 예쁜 귀걸이를 왜 좋아하지 않는지 이해를 못 해서 싸움을 계속했다. 여자친구는 존중받지 못했다는 느낌을 받았고, 남자친구는 당혹스러워하며 여자친구가 약간 이기적이라고 생각하면서 두 사람은 교착상태에 빠졌다.

전처를 위해 샀던 귀걸이를 여자 친구에게 선물한 이 남자 친구의 경우에, 양쪽 파트너가 모두 예쁘다고 동의한 '예쁜 귀걸이'는 명시적인 의미였다. 그러나 그는 그것이 원래 다른 사람을 위해 준비한 귀걸이였기 때문에 여자 친구가 특별하게 느끼지 못할 것이라는 함축적 의미를 놓친 것이다.

이러한 함축적 의미를 이해하기 어려운 신경다양인 파트너는 관용구('비가 억수같이 온다 it is raining cats and dogs'), 은유('당신은 나의 태양 you are my sunshine'), 직유('여우처럼 교활한 crazy like a fox'), 아이러니(경찰서에서 강도 사건이 발생함) 등을 이해하는 데에도 어려움을 겪을 수 있다. 함축적 의미를 이해하지 못하면 신경전형인 파트너는 이해를 받지 못한다거나 인생의 유머를 공유할 수 없다고 느끼며, 신경다양인 파트너는 자신을 놀리거나 농담, 아이러니, 빈정거리는 것을 이해하는 데 어려움을 겪을 수 있다. 서로를 이해하지 못하기에 일반적인 커플 사이의 가벼운 농담도 전혀 못 하게 될 수 있다.

누군가가 빈정대는 것을 바로 알아채지 못하는 것과, 빈정거림 자체를 이해하지 못하는 것은 다른 문제이다. 우리가 빈정거릴 때에는 특정 단서들도 함께 내보낸다. 예를 들어, 목소리 톤이나 얼굴 표정을 통해 상대방에게 빈정거림이라는 것을 알리게 된다. 이러한 단서는 신경다양인 파트너가 처음에는 놓칠 수 있지만, 맥락이 제공되고 인식이 전환되면 신경다양인도 쉽게 그 유머를 즐길 수 있다. 신경다양인들은 결코 지루한 사람들이 아니다. 그들은 종종 언어 유희puns, 말장난wordplay 그리고 언어 기반의 유머를 엄청 잘하며, 빈정거림sarcasm, 무표정 개그deadpans 그리고 촌철살인의 한마디 유머one-liners의 달인이 되기도 한다.

사회적 규칙 이해하기

신경다양인: 제 아내는 자신을 저의 사회적 통역사라고 표현해요. 아내는 제가 사교 모임을 좋아하지 않는 걸 이해하고 제가 모임을 잘 견뎌 낼 수 있도록 도와준답니다. 제가 한계에 도달해서 모임에서 그만 일어나야 할 것 같을 때를 알아차리고 아내는 상황에 맞는 사회적 핑계를 만들어 줘요.

신경전형인: 저는 독백을 듣는 게 너무 힘들어요. 1분도 안 걸려야 할 대화가 몇 시간이 걸리기도 한다고요! 저는 지루하거나 답답한데, 어떻게 하면 그를 그만하게 할 수 있을지 모르겠어요. 제가 그의 생각의 흐름을 끊으면 화를 내요. 결국 저는 덫에 걸린 것 같은 기분이 들고, 제가 자리를 뜨면 그가 화를 내겠지만, 거기 계속 있으려니 지루해서 죽을 것 같아요.

신경다양인은 일반적으로 보디랭귀지와 표정을 읽고 해석하는 데 어려움을 겪는다. 여기에 신경전형인 세상의 보이지 않는 사회적 규칙들이 더해지면, 신경다양인이 문자 그대로의 해석에 의존할 때 사회적 맥락에서 완전히 길을 잃은 느낌을 받을 수 있다. 신경전형인은 사회 규칙에 대해 직관적으로 배우는 경우가 많지만, 신경다양인은 적극적이고 인지적인 과정을 거쳐야 한다. 신경다양인은 과거에 어떤 것이 효과가 있었고 어떤 것이 그렇지 않았는지를 생각하며 노력해야 한다. 또한 신경다양인은 실수를 했을 때 대체로 피드백을 받게 되며(정확하게 해석하면 보상은 거의 받지 못하지만), 이로 인해 사회적 상호작용에 대한 불안감이 증가하고 자신감이 떨어질 수 있다. 또한 신경다양인은 트라우마가 될 만한 사회적 상호작용을 경험한 경우가 많다. 일상생활에서 부정적 상호작용을 자주 경험하면, 자연스럽게 다른 사람을 피하고 내향성이 주는 안전함에 의지하게 된다. 이러한 관계의 어려움으로 인해 종종 사회적 불안에 시달린다. 또한 많은 신경다양인 내담자가 사회적 상호작용에 대해 괴로워하고, 이전의 경험을 머릿속에서 계속 '반복 재생'하면서 자신이 어떻게 반응했는지에 대해 스스로 자책한다고 말한다.

　신경전형인 파트너에게서 "하지만 저는 그 사람의 유일한 친구예요!"라는 말을 듣는 것은 드문 일이 아니다. 제한된 사회적 기술을 가진 상태에서 친구를 사귀고 유지하는 것은 어려울 수 있다. 여기에 직장이나 학교에서 사회적 교류를 한 후 회복을 위한 휴식시간까지 필요하다면, 친구를 위해 할애할 시간은 제한적이다. 여기에 많은 신경다양인이 어린 시절 겪었던 괴롭힘까지 더해지면, 친구를 사귀기 위해 넘어야 할 산이 터무니없이 높아 보일 수 있다. 신경다양인은 평생을 아웃사이더로 살아온 것처럼 느끼며, 사회적 상황에 대해 "저는 그냥 밖에서 안을 들여다보고 있는 아웃사이더 같아요."라는 말을 자주 한다. 일부 사람들은 이러한 은둔적인 역할에 익숙해지기도 하지만, 어떤 사람들은 "나에게는 근본적으로 무언가 잘못된 것이 있다."라는 내면의 메시지와 끊임없이 씨름하며 자신을 불편하게 느끼기도 한다.

또한 신경다양인이 사회적 단서를 얻을 수도 있지만, 종종 신경전형인이 진정성 없는 사회적 단서를 제공하는 경우가 있어서 신경다양인은 어려움을 겪는다. 신경전형인이 하는 행동 중에는 신경다양인에게는 이해가 되지 않는 것들이 많다. 가짜 미소, 빈정거리는 말투, 간접적인 힌트 등은 신경다양인에게 매우 혼란스러울 수 있다. 만약 신경전형인이 좀 더 진정성 있게 소통한다면 신경다양인은 그렇게 혼란스럽지 않을 것이다! 다시 말해, 당신이 말할 때 실제로 말한 그대로를 의미한다면, 신경다양인 파트너가 훨씬 더 쉽게 이해할 수 있을 것이다.

신경다양인은 사회적 기술을 직관적으로보다 인지적으로 배우기 때문에 다른 사람을 이해하는 데 많은 노력이 필요하다. 신경전형인은 간접적으로 말하는 경향이 있으며 자신의 뜻을 명확하게 표현하지 않는 경우가 많기 때문에, 파트너 간의 의사소통에 어려움을 초래한다.

외계인 vs. 스몰토크

신경다양인: 블랙홀이나 외계인 같은 것들은 정말 흥미롭죠. 제 생각에는 형
　　　　식적인 스몰토크는 정말 별로예요.

신경전형인: 제가 아는 모든 대화 방법을 다 써 봤지만, 돌아오는 대답은 항
　　　　상 "얘기하고 싶은 기분이 아니야." 또는 "딱히 할 말이 없어."
　　　　예요.

스몰토크small talk는 보통 중요하지 않은 주제에 대한 것으로, 신경
전형인의 세상에서는 이러한 대화를 관계의 첫 번째 단계로 사용한
다. 이는 우리가 어떤 사람과 더 가까워지고 싶은지 여부를 가늠하
는 데 도움을 준다. 스몰토크는 일반적으로 예의 있는 행동으로 여
겨진다. 우리는 보통 스몰토크를 통해 지인에서 친구로 관계를 발전
시키며, 그 후에는 친한 친구나 친밀한 친구로 발전할 수 있다. 스몰
토크는 친밀함으로 가는 길을 열어 준다. 이는 그 목적을 염두에 두
고 있는 사회적 의례이다. 신경전형인에게 스몰토크의 내용은 중요
한 문제가 아니며, 중요한 것은 연결하려는 욕구이다.

하지만 신경다양인에게는 이 과정이 다르게 작용한다. 신경다양
인은 아이디어나 지적인 내용에 먼저 연결된다. 만약 이 내용이 그
들에게 흥미로운 것이면, 신경다양인은 그 아이디어나 내용을 중심
으로 상대방과 연결된다.

이것이 중요한 차이점이다. 신경전형인에게는 초반에 의미 없는
내용에 대한 대화를 하면 연결로 이어지고, 그 연결은 다시 공유된
내용에 대한 더 깊은 논의로 발전한다. 그러나 신경다양인은 의미

없는 콘텐츠에 대해 관심이 거의 없다. 신경다양인에게는 공유하고 있는 콘텐츠가 연결감으로 이어진다. 따라서 우리는 서로 다른 행성에 존재하는 셈이다. 신경전형인은 연결을 위해 의미 없는 콘텐츠(스몰토크)로 시작하지만, 신경다양인은 연결을 위해 (자신에게) 의미 있는 콘텐츠로 시작한다.

따라서 신경다양인에게 스몰토크는 사회적 가면쓰기^{masking}의 한 형태이며 에너지를 소모하는 행위이다(그리고 많은 신경전형인 역시 스몰토크를 좋아하지 않는다!). 따라서 신경전형인이 연결감을 만들기 위해 의미 없는 정보를 교환하는 것이 신경다양인에게는 너무 답답하고 소모적으로 느껴질 수 있다. 신경다양인은 언어가 문자 그대로의 의미로 사용되기를 원하고, 눈에 보이지 않는 사회적 신호가 되는 것은 원치 않는다. 또한 신경다양인은 진정성을 중요시하기 때문에 '가짜' 대화에는 별다른 의미를 부여하지 않는다. 하지만 당신이 그들이 참여할 만한 의미 있는 주제를 찾는다면 그다음부터는 그들과 흥미로운 대화를 나눌 수 있다. 신경다양인의 관심 분야는 보통 좁아서(하지만 그 범위 내에서는 깊은 관심을 갖는 경우가 많다), 신경전형인이 파트너의 관심사를 공유하지 않는 경우 파트너와 연결할 수 있는 접점을 찾는 것이 어려울 수 있다.

신경전형인은 일반적으로 스몰토크를 통해 연결되며, 이는 더 깊은 친밀감을 위한 기초작업이 된다. 이와는 달리 신경다양인은 공통의 관심사를 통해 연결된다. 특정 두뇌 스타일에 따라 친밀감을 만들어 가는 방식이 다르기 때문에 이러한 상반된 연결 방식은 좌절감을 초래할 수 있다.

말 끊기

신경다양인: 저는 상대방에게 하고 싶은 말을 잊어버리고 싶지 않아서 말을 끊는 경우가 많아요. 때로는 상대방이 이미 이야기를 다 했다고 생각하고 무의식적으로 끼어들기도 해요. 저는 무례한 사람으로 보이고 싶지 않아요. 오히려 제가 말을 끊는 건 제가 그 주제에 확실히 관심이 있다는 뜻이죠!

신경전형인: 제 파트너는 계속 끼어들어요! 그럴 때 전 정말 작아지고 중요하지 않은 사람처럼 느껴져요.

말을 하고 있는데 누군가 말을 끊거나 가로채는 것은 결코 유쾌한 일이 아니다. 신경다양성 관계에서 이러한 문제는 흔하며, 이 문제에는 몇 가지 원인이 있다. 첫째, 신경다양인은 상대방이 말을 끝냈을 때의 대화 리듬을 구분하고 이해하는 데 어려움을 겪곤 한다. 예를 들어, 신경전형인 파트너가 숨을 쉬기 위해 잠시 멈추는 경우, 신경다양인은 말이 끝난 걸로 해석할 수 있다. 신경다양인은 자신의 생각을 잊어버릴까 봐 걱정하거나 주제가 바뀌기 전에 자신이 하고 싶은 말을 꼭 전달하고 싶어서 생각을 '불쑥 내뱉는' 경우가 있다. 신경다양인에게는 대화 주제가 바뀌는 전환 과정 자체가 어려울 수 있기 때문에, 전달하고자 하는 정보를 서둘러 '밖으로' 내보내려 한다. 하지만 말 끊는 것은 비단 신경다양인들에게만 국한된 문제는 아니다! 당연히 양쪽 모두에게 일어날 수 있다. 종종 신경다양인 파트너는 자신이 끼어들고 있다는 사실조차 깨닫지 못했기 때문에 당신이 "하던 이야기를 마저 하고 싶어."라고 말하면 사과를 할 것이다.

대화를 하다가 말이 끊기는 데에는 여러 가지 요인이 있다. 신경다양인은 대화가 너무 길어지면 자신이 하고 싶은 말을 잊어버릴 거라는 걸 알고 있으며, 대화의 리듬을 잘 알지 못하거나, 자신의 아이디어를 얘기할 수 있는 '쉼표'가 언제 있을지를 이해하는 데 어려움을 겪곤 한다. 이로 인해 '불균형한' 대화처럼 느껴지거나 두 파트너 모두 서로 이해받지 못하고 있다는 좌절감을 느낄 수 있다.

감정이라는 낯선 공간

신경다양인: 저에게 감정은 말로 설명할 수 있는 것이 아니에요. 마치 시각장애인에게 초록색이 어떤 색깔인지 설명하는 것과 같아서 저는 제가 의미하는 바를 어떻게 정확하게 소통하고 전달해야 할지 전혀 모르겠어요. 사랑을 잘 표현하지 못해서 관계가 어려워지기도 해요.

신경전형인: 제 파트너는 과도하게 자극을 받으면 감정을 차단해요. '무표정 얼굴 실험 still face experiment 1)'을 하는 것 같아요. 전 그의 감정을 읽을 수 없고, 그도 제 감정을 알지 못해요. 저는 그의 감정적인 지지를 받을 수 없어서 정말 외롭고 혼란스러워요.

---

1) 역자 주: 1970년대에 에드 트로닉 박사가 개발한 무표정 얼굴 실험은 부모의 반응이 아기의 정서 발달에 어떤 영향을 미칠 수 있는지에 대한 것을 알아보기 위해 부모에게 아이를 보고 일부러 무표정하게 있도록 실험했다.

'신경다양인은 감정이 없다.'라는 고정관념이 있다. 이는 매우 불공평하고 부정확한 생각이다. 신경다양인도 감정을 가지고 있고, 그 감정을 **강렬하게** 느끼기도 한다. 또한 강렬하게 공감할 능력도 있다. 하지만 문제가 되는 지점은 감정을 **소통**하는 방식이다. 나는 신경다양인들이 파트너를 깊이 사랑하고 헌신적이지만, 파트너가 이해하고 고마워할 수 있는 방식으로 소통하는 데 어려움을 겪는 것을 많이 보았다. 사랑의 화살이 제대로 명중하지 못하고 빗나가는 걸 지켜보는 것은 매우 안타까운 일이다.

문제를 더욱 악화시키는 것은 신경전형인은 신경다양인 파트너가 감정을 표현하지 못하는 것을 파트너가 자신을 신경 안 쓰는 것으로 오해한다는 점이다. 안타깝게도 우리는 좌절감을 느낄 때 자신의 욕구를 잘 표현하지 못하고, 대신 불평하거나 비난하거나 요구하게 된다. 이는 종종 '헤드라이트를 마주한 사슴' 같은 반응으로 이어져, 신경다양인 파트너가 감정적으로 차단되는 상황을 만들고, 신경전형인 파트너는 자신을 신경 쓰지 않는 것으로 더 오해하게 된다. 그러나 이 과정에서 자극받는 것은 신경다양인 파트너의 예민한 신경계이다(이러한 감각 과민성과 관련된 내용은 5장에서 더 깊이 다룰 것이다). 신경전형인 파트너가 마주하게 되는 건 신경다양인 파트너가 논리적으로 자신이 애정을 얼마나 표현했는지를 설명하거나(투쟁), 자신이 좋아하는 관심사에 몰입하거나(도피), 아예 아무런 반응을 하지 않는(부동화) 모습이다. 신경계의 과부하는 감각 과부하, 즉 '멘탈붕괴meltdown'로 이어질 수 있다. 이 과정은 종종 해결되지 않은 분쟁과 이전 갈등에서 쌓인 감정들을 남기게 되어, 감정적인 불쏘시개가 되곤 한다. 신경다양인 파트너가 애초에 감정을 다루는 데 어려움을 겪는 이유를 잠시 살펴보자.

> 신경다양인들에게 감정이 없다는 것은 정말 도움이 안 되는 편견이다. 그 반대로 감정에 매우 민감한 경우가 많다. 그들의 어려움은 그 감정을 표현하는 데 있다. 이 과정은 커플 관계에서 신경다양인 파트너가 비난을 받으면 악화되며, 이는 그들의 파트너가 듣고 싶어 하는 그 감정을 표현하는 데 어려움을 가중시킬 수 있다.

감정표현불능증

신경다양인: 저는 항상 제 감정을 파트너와 나누는 것이 정말 어렵다고 느꼈어요. 왜냐하면 제가 무엇을 느끼고 있는지 잘 모르기 때문이죠. 저는 보통 감정이 일어난 후 한참을 생각해야만 그 감정이 무엇이었는지 이해할 수 있어요. 저는 아주 깊은 감정을 느끼지만, 바로 드러나지 않거나 훨씬 나중에야 드러나죠. 가끔은 파트너의 감정을 알 수 있지만, 어떤 때는 전혀 알 수 없을 때도 있어요.

신경전형인: 한번은 같이 산책하다가 제가 심하게 넘어졌는데, 제 파트너가 피를 흘리며 바닥에 누워 있는 저를 보고 "이제 일어나는 게 좋겠어."라고 말했어요. 말 그대로 피를 흘리고 있는데도 제가 아프다는 것조차 이해하지 못하는 걸 보고 정말 말문이 막히더라고요!

감정표현불능증^{Alexithymia}은 감정을 경험하고, 식별하고, 표현하는 데 어려움을 겪는 상태를 말한다. 감정표현불능증을 갖고 있는 사람들은 자신의 감정을 알아차리거나, 감정의 미묘한 뉘앙스나 차이를

구분하는 데 어려움을 보인다(Bermond, 2007). 감정표현불능증은 공식적인 진단명은 아니지만(즉, 정신 장애를 분류하는 책인 DSM에는 등재되지 않음), 경험적으로는 신경다양성과 연관성이 있다고 알려져 있다. 이는 정서적 문해력이 낮은 것과 비슷하다. 일반적으로 감정표현불능증이 있는 사람들은 감정을 식별하는 데 어려움을 겪으며(인지 기능), 감정을 온전히 경험하는 데도 어려움을 겪는다(정서 기능). 이는 자연스럽게 정서를 표현(의사소통 기능)하는 데에도 장애물이 된다.

생물학적으로 기반을 둔 감정은 기쁨, 슬픔, 두려움/놀람, 분노/혐오, 이렇게 네 가지가 있다. 신경다양인은 일반적으로 이 네 가지 감정은 표현할 수 있지만, 이러한 감정을 넘어서 다른 감정의 뉘앙스로 넘어가면 자신의 감정을 이해하고 표현하는 데 더 큰 어려움을 겪을 수 있다. 어떤 사람들에게는 "미안해."라고 말하는 것도 매우 큰 도전이 될 수 있다. 하지만 사과는 관계 회복을 위한 중요한 수단이므로, 신경전형인 파트너가 상처받은 상황에서 상대가 상황을 바로잡기 위해 사과해 주기를 기대하는 데도 상대가 이러한 표현을 어려워하면 친밀감 형성에 방해가 될 수 있다. 종종 신경다양인 파트너는 의사소통을 하지 않는 것에 대해 속으로 자책하며, 자신이 보기에도 그리고 파트너가 보기에도 '부족한' 존재라는 수치심으로 담을 쌓게 된다.

신경다양인은 일반적으로 기쁨, 슬픔, 두려움/놀람, 분노/혐오와 같은 기본적인 감정은 표현할 수 있다. 하지만 보다 미묘한 감정을 표현하는 데는 어려움을 겪을 수 있다. 스트레스나 갈등이 있을 때 이러한 어려움은 더욱 악화되며, 신경전형인 파트너가 이해받고 연결되기를 가장 바랄 때 정서적으로 버림받았다는 느낌을 받게 된다. 이에 대한 불만을 신경다양인 파트너에게 표현하면 의도치 않게 그의 스트레스와 무반응을 더욱 악화시킬 수 있다.

05

신경다양성과
감각 문제

시각장애인을 생각해 보라.
시각장애인이 파트너와 연결되는 능력이
부족하다고 생각하는가?
사랑에는 눈이 필요하지 않다.

　신경다양인들은 감각 문제에 예민할 수 있다. 일반적으로 과민한^{hypersensitive}(과도하게 민감한) 경우가 많지만, 일부 감각에 대해서는 둔감한^{hyposensitive}(정상보다도 덜 민감한) 경우도 있다. 대부분의 신경다양인들은 둔감하기보다는 과민한 경향이 더 많다. 이것은 촉각 시스템(촉감), 청각 시스템(듣기), 시각 시스템(보기), 미각 시스템(맛), 후각 시스템(냄새) 또는 이 감각들의 조합을 포함할 수 있다. 또한 배고픔이나 배설과 같은 내부 감각, 전정 시스템(중력에 대한 움직임 감각), 고유수용감각 시스템(몸이 자신의 위치, 움직임, 행동을 감지할 수 있게 해 줌)과 같은 보다 미묘한 시스템도 포함될 수 있다(Lane, Miller, & Hanft, 2000; Wilbarger & Wilbarger, 1991). 유해한 자극의 양과 강도에 따라 개인의 반응은 달라질 수 있다. 또한 이러한 유형의 증상은 다른 유형의 신경다양성보다 자폐 스펙트럼에 속한 사람들에게 더 흔하게 나타난다. 아직 우리 사회에서 신경다양인의 초인적인 감각을 긍정적으로 활용하는 사례는 많지 않지만, 다양한 직업에서 잘 활용될 수 있는 간과된 초능력이기도 하다. 그러나 이러한 예민함은 대인관계에 있어서의 적응문제로 확장되어 신경다양인에게 스트레스를 유발하기도 한다.

촉각 시스템(촉각 민감도)

신경다양인: 저희가 침대에 누워 책을 읽고 있었는데, 아내가 전자책을 들고 제게 손을 얹었어요. 저는 그 느낌이 별로 마음에 들지 않았어요. 제가 살짝 몸을 움직였는데, 아내는 저를 따라서 손을 움직이더라고요. 자꾸 왜 그러냐고 물었더니 그냥 저를 만지는 게 좋다고 하더라고요. 그 말이 다정하긴 했지만, 결국 저는 제 기분을 솔직하게 말했고, 그녀는 발끈 화를 내면서 토라졌어요. 저를 만지지 말았으면 할 때 그녀의 기분을 상하게 한다는 걸 알기 때문에 이 상황을 어떻게 처리해야 할지 모르겠어요.

신경전형인: 저는 남편을 만지면 신경이 안정되고 안전하고 사랑받고 있다는 느낌이 들기 때문에 만져요. 그가 저를 밀어내거나 돌아누울 때 거절당하는 느낌을 안 받을 수가 없어요.

촉각에 대한 민감도는 복잡할 수 있으며, 옷을 선택하거나 손에 이물질이 묻었을 때, 음식의 식감 등에서 나타날 수 있다. 양말의 솔기가 피부에 자극을 주거나 피부에 모래가 묻는 것이 참을 수 없을 정도로 불편하거나, 옷에 붙은 라벨이 가렵거나 거칠게 느껴질 수 있다. 특정 음식의 식감을 견딜 수 없어서, 음식을 다양하게 선택하지 못할 수도 있다. 일부의 경우 추운 온도에 대한 민감도가 낮아져서, 사랑하는 사람들의 걱정에도 불구하고 추운 겨울에도 겨울 코트를 입지 않거나 일 년 내내 반바지와 슬리퍼를 착용하는 경우도 있다.

촉각 문제는 커플의 성생활에도 영향을 미칠 수 있으며, 이것은 감각적으로 좋게 느껴져서 과도한 성적 관심으로 나타나기도 하고,

감각 문제로 인해 성에 대한 완전한 무관심으로 나타나기도 한다. 신경다양인에게 다가가는 파트너는 감각 문제로 인해 거절당할 수 있다. 이로 인해 한쪽 파트너가 자주 거절당하면 개인적인 거부로 받아들이게 되고, 파트너에게 접근을 멈추는 패턴이 발생할 수 있으며, 이로 인해 친밀감에 대해 이러지도 저러지도 못하는 교착상태에 빠지고 정서적인 거리감이 생길 수 있다.

> 촉각과 관련된 감각 문제는 커플 관계에 영향을 미칠 수 있으며, 신경다양인 파트너의 감각적 고통의 맥락에서 이해되기보다는 관계적 결함('우리는 성생활에 문제가 있다')으로 해석될 수 있다.

청각 시스템(소음 민감도)

신경다양인: 남편은 주변에 소음이 있을 때 저와 이야기를 나누고 싶어 해요. 에어컨, 히터, 냉장고의 윙윙거리는 소리가 남편의 목소리와 겹쳐 들리면 집중하기가 어렵다는 걸 남편에게 납득시키기 힘들어요. 저의 뇌는 이 소음을 걸러 내지 못하기 때문에 남편이 무슨 말을 하는지 알아듣기가 아주 힘들어요. 그러다가 제가 말을 듣지 않는다고 남편이 짜증이 나게 되면 더 크게 소리를 지르는데, 마치 그게 도움이 된다고 생각하나 봐요!

신경전형인: 아내는 제 말을 듣지 않는 것 같아요. 제가 무언가에 대해 이야기하기 시작하면 아내는 관련 없는 주제로 화제를 돌리곤 해요. 제가 점점 짜증이 나면 목소리가 커지고, 그러면 그녀는 아예

방을 나가 버리려고 해요. 정말 미칠 것 같아요!

신경다양인들은 일반적으로 시끄러운 소음을 싫어하며, 경우에 따라 참을 수 없는 소음이 있을 때 손으로 귀를 막기도 한다. 어떤 사람들은 불쾌감을 피하고 소음이 있는 환경을 통제할 수 있도록 귀마개를 가지고 다니는 법을 터득했다. 어떤 사람들은 의자가 바닥을 긁는 소리를 고통스러워할 수 있고, 다른 사람들에게는 계속되는 배경 소음이 괴로움을 유발할 수 있다.

청각 민감도는 신경전형인 파트너가 간과할 수 있는 부분으로 신경다양인 파트너를 아주 힘들게 할 수 있다는 점은 아무리 강조해도 지나치지 않다. 대부분의 사람은 소음 감소 귀마개를 사용하거나 다른 방법을 사용해서 이러한 스트레스 요인을 줄이는 방식으로 이에 대처한다.

후각 시스템(냄새 민감도)

신경다양인: 저는 냄새에 매우 민감해서 다른 사람들은 아무렇지 않게 여기는 다른 사람의 향수, 자동차 방향제, 향을 피우는 냄새, 청소 제품의 냄새만 맡아도 두통이 생기거나 메스꺼움을 느껴요.

신경전형인: 제 파트너는 냄새에 매우 민감하기 때문에, 설거지나 오래된 음식 용기를 치우는 일을 제가 도맡아 해야 해요. 저희는 이걸 해결하려고 여러 가지 방법을 시도해 보았지만, 특히 심한 냄새일

경우 몇 분 동안 헛구역질을 해요. 요리는 더 큰 문제예요. 냄새가 조금만 이상해도 그 음식은 전혀 못 먹어요.

후각 민감도는 문헌에서 흔히 다뤄지지는 않지만, 특히 자폐 스펙트럼에 속하는 사람들에게는 드물지 않은 문제이다. 한 조사 연구에 따르면 후각 민감도가 높을수록 더 많은 자폐적 특성과 상관관계가 있는 것으로 나타났다(Ashwin et al., 2014). 앞에서 언급한 바와 같이 이러한 민감성은 식사 시간에도 어려움을 초래할 수 있다. 때때로 이러한 민감성으로 인해 식사나 활동을 중단해야 하는 경우가 있으며, 냄새로 인해 구역질을 유발할 수 있다는 걱정 때문에 식당에 가는 것 자체가 즐겁지 않을 수 있다.

> 신경다양인들은 극단적인 후각 민감도를 가질 수 있다. 특정 상황에서는 이것이 축복이 되거나(예: 고급 와인 향을 감별할 때), 저주처럼 작용할 수도 있다(예: 기저귀를 갈 때).

시각 시스템(시각 민감도)

신경다양인: 제 눈은 밝은 빛에 매우 민감해서 선글라스가 많은 도움이 돼요. 이러한 감각 자극은 과부하를 일으키고, 누군가 제 눈에 밝은 불빛을 비추면 화가 납니다. 형광등은 정말 최악이에요! 해가 떠 있을 동안에도 완전히 어둡게 만들 수 있는 공간이 집에 있는 것이 도움이 돼요.

신경전형인: 집안 대부분에 40와트 전구를 설치했는데도 여전히 불빛이 너무 밝다고 불평해요! 그리고 빨간색을 싫어해서, 옷을 살 때 빨간색 옷은 아예 사지 않도록 제가 쇼핑 습관을 바꿨어요.

신경다양인들은, 특히 자폐 스펙트럼에 속하는 경우에 시각 시스템에 대한 민감성(과민함 또는 둔감함)을 겪을 수 있다. 예를 들어, 자폐 스펙트럼에 있는 사람들은 중추신경계 구조(소뇌, 대뇌 피질, 변연계, 뇌량, 기저핵, 뇌간 및 그 안의 신경전달물질들을 포함)에서 신경전형인과 차이가 있다(Coulter, 2009). 이로 인해 눈 맞춤을 잘 하지 않거나, 상대방이 어디를 보고 있는지 잘 따라가지 못하거나, 뚜렷한 목적 없이 응시하거나, 빛에 민감하거나, 사람보다는 사물 보는 것을 선호하는 등의 증상이 나타날 수 있다(Coulter, 2009). 일반적인 시각 과민 반응에는 밝은 빛, 형광등 조명 그리고 심지어 줄무늬와 같은 특정 색상이나 패턴에 대한 민감성이 포함된다.

신경다양인은 일상생활에 영향을 미치는 시각적 민감성을 가질 수 있다. 눈 맞춤은 일반적인 사회적 기대이지만, 신경다양인 파트너에게는 불편하고 제한적일 수 있다. 많은 신경다양인이 상대를 쳐다보지 않으면 상대가 말하는 것에 더 집중할 수 있다고 말한다. 하지만 실제로 그들이 파트너를 쳐다보지 않는 것이 더 효과적으로 연결감을 느끼도록 돕는 방법임에도 불구하고, 이러한 행동은 신경전형인에게는 관심이 부족하거나 친밀감이 부족한 것으로 해석되는 경우가 많다.

미각 시스템(맛 민감도)

신경다양인: 제 입맛은 지나치게 예민해서, 순한 음식이 아니면 모두 구역질
이 날 정도예요. 저는 엄청나게 까다로운 편식가예요.

신경전형인: 저희가 함께한 시간이 길어지면서 제 파트너는 새로운 음식을
시도하는 게 훨씬 더 나아졌어요. 하지만 스트레스를 받을 때는
'예전에 먹던 음식'으로 돌아가는 경향이 있어요. 지금은 익숙
해졌지만, 연애 초반에는 미칠 지경이었어요. 플레인 치즈 피자
를 그렇게 많이 먹어 본 건 처음이었어요!

신경다양인들, 특히 자폐 스펙트럼에 있는 사람들은 대부분의 삶
에서 평생 동안 '편식쟁이'로 여겨지는 경우가 많다. 새로운 음식을
시도하는 것이 쉽지 않다. 이는 미각 시스템의 감각 문제와 관련이
있을 수 있으며, 특정 식감에 대한 민감성과 관련이 있을 수 있다.
그 결과, 음식 선택이 제한될 수 있다. 외식을 하고, 새로운 음식을
시도하고, 여행을 가서 새로운 음식을 탐험하고 싶어하는 신경전형
인 파트너에게는 도전이 될 수 있다. 신경다양인들은 새로운 것을
시도하기 위해 스스로를 훈련하기도 하지만, 스트레스를 받으면 더
'안전한' 음식을 다시 찾게 된다. 이는 식욕 부진과 결합하여, 많은
경우 신경다양인은 심한 공복감을 느끼지 않거나, 고통스러운 상태
가 되어서야 비로소 배고픔을 인식한다. ADHD가 있는 사람들의 경
우, 각성을 위한 약물이 식욕을 억제할 수도 있다. 이런 경우, 신경
전형인 파트너가 신경다양인 파트너에게 먹을 것을 권유하거나, 먹
어야 한다는 것을 상기시키고, 기분이 나아지도록 음식을 먹으라고

재촉해서 식사를 유도하는 경우도 드물지 않다.

> 신경다양인은 편식하는 것으로 악명이 높으며, 어린 시절에는 감자튀김, 치킨너깃 등과 같은 '흰 음식'으로 된 무자극 식사를 고수하는 경우가 흔하다. 이는 미각, 후각, 촉각에 대한 민감성이 복합적으로 작용하기 때문일 수 있다. 이들은 음식의 맛, 냄새 그리고/또는 식감을 좋아하지 않을 수 있다. 또한 심한 공복감을 느끼지 못할 수도 있다. 종종 신경전형인 파트너는 배우자가 식사를 하도록 권유하는 역할을 하게 되며, 배우자가 단순히 식사를 거른 것으로 인해 짜증을 낼 때는 좌절하게 된다.

미묘한 감각 시스템

신경다양인: 저는 항상 서툴고 협응력이 부족했어요. 걸을 때 이상하게 걷고 팔도 잘 흔들지 않는데, 그게 그냥 자연스럽게 된 적이 없어요. 물건을 여기저기에 떨어뜨리기 일쑤예요. 저는 끊임없이 물건에 부딪히기도 하는데, 특히 문손잡이에 자주 부딪혀. 그게 항상 거기 있는 걸 알 텐데도 말이죠!

신경전형인: 우리는 더 이상 함께 저녁을 먹지 않아요. 남편은 제가 음식 씹는 소리를 견디지 못했어요! 처음에는 기분이 나빴지만 지금은 그냥 받아들여요. 하지만 밥을 따로 먹는 게 저에겐 이상적이진 않아요.

신경다양인들, 특히 자폐 스펙트럼에 있는 사람들은 전정 시스템, 고유수용감각 그리고 내부수용감각에 어려움을 겪을 수 있다. 전정 시스템에서는 균형을 잡는 데에 문제가 있어 발을 헛디디거나 넘어지는 일이 잦을 수 있다. 고유수용감각은 자신의 몸이 어떻게 위치하거나 움직이고 있는지를 인식하는 능력이다. 또한 신경다양인은 내부수용감각의 인식이 부족할 수 있는데, 이는 신체 내부 감각에 대한 인식이 부족하다는 것을 의미한다. 우리의 미세한 시스템은 개인이 신체 감각, 인지 과정 및 감정을 통합할 수 있게 해 주지만(Craig, 2015), 신경다양인들에게는 이 중 하나 또는 그 이상의 기능이 저하될 수 있다.

어떤 사람들은 '미소포니아^misophonia'라는 증상을 겪는데, 이는 '씹는 소리, 펜 딸깍거리는 소리, 입맛 다시는 소리와 같은 무해하거나 반복적인 특정 소리'에 대해 자율신경 반응(즉, 투쟁 또는 도피와 같은 비자발적인 반응)을 경험하는 현상이다(Edelstein, Brang, Rouw, & Ramachanan, 2013, p. 296). 이러한 '촉발하는 소리'에 노출되면 신경다양인은 불안, 공황 또는 분노를 느끼게 된다.

마지막으로, 내부수용감각 인식의 부족으로 인해 신경다양인 파트너는 자신이 배가 고프거나 목이 마르거나 피곤할 때 이를 인식하지 못하며, 그런 느낌이 있다는 것을 거의 인식하지 못하기 때문에 문제를 해결할 수 있는 방법을 찾지 못한다. 신경전형인 파트너는 일반적으로 그들의 파트너가 자기 관리가 어렵다는 것을 알기 때문에, "오늘 밥은 먹었어?" 또는 "잠깐 쉬는 게 좋지 않을까?"라고 물어보는 것에 전문가가 된다.

신경다양인이 경험할 수 있는 모든 감각 문제는 관계에 어려움을 가져올 수 있다. 이는 신경다양인이 자신의 생물학적 운영 시스템을 돌보는 것이 얼마나 중요한지를 배우고, 신경전형인 파트너가 수분 섭취, 식사, 휴식을 취하도록 알려 줌으로써 해결될 수 있다.

감각 문제가 관계에 미치는 영향

감각 문제는 커플 관계에 직접적인 영향(예: 만지는 것에 대한 거부)을 줄 뿐만 아니라 간접적인 영향(예: 식당에 외식하러 가는 데 어려움)을 줄 수도 있다. 신경다양인은 지구라는 행성에서 하루하루를 버티고 민감성을 관리하는 데 많은 에너지를 소비하며, 종종 다른 사람들이 자신의 어려움을 이해하지 못하는 직장이나 가정 환경에서 살아간다. 자신의 몸을 둘러싼 현실들이 간과되거나 무시당할 때가 많고, 이들이 과장하거나 말을 지어낸다는 얘기를 듣기도 한다. 그 결과, 신경다양인은 때로는 일상에서 자신이 잘못되었다고 느끼며 자기 자신과 자신의 현실을 의심하는 패턴이 평생 지속될 수 있다. 이러한 감각적인 고충을 이해하지 못하는 파트너는 상대의 어려움을 인정하지 않게 되거나, 파트너의 감각적인 문제를 어떻게 다뤄야 할지 몰라 좌절하거나 또는 그 문제를 제대로 인식하지 못하는 경우가 많다.

신경다양인은 하루 종일 자신의 감각적(및 사회적) 문제를 해결하느라 너무 많은 에너지를 소비했기 때문에 파트너가 집안일이나 육아 등에 기여해 달라고 요청하면 부담감을 느낄 수 있다. 심지어 그들은 자신이 관계에 크게 기여했다고 생각할 수도 있지만, 파트너는 그들이 공평하게 분담하지 않았다고 불평할 수 있다. 이는 커플에게 는 까다로운 영역으로, 신경전형인 사람이 정리정돈을 하고 일정을 관리하는 등 필요한 일상생활의 대부분을 하는 것은 불공평하지만, 신경다양인은 학교나 직장에서 감각 문제와 사회적인 문제를 헤쳐 나가는 데 에너지를 소진했을 수 있기 때문이다.

> 감각 문제를 관리하는 데 어려움이 있으면 커플 관계에서 역할 분담을 둘러싼 갈등이 발생할 수 있다. 신경다양인은 하루를 버텨 내기 위해 많은 감정 에너지를 소비하며, 이는 종종 파트너와는 공유하지 않는 소리 없는 고군분투이다. 신경전형인은 많은 일을 처리하는 데에 과부하가 걸리고 파트너가 가진 이러한 문제에 대해서는 공감하거나 이해하지 못할 수도 있다. 이로 인해 두 파트너 모두 서서히 불만이 쌓일 수 있다. 신경전형인은 압도당하고 파트너에게 버림받았다고 느끼며, 신경다양인은 파트너가 주장하는 요구들로 인해 이해받지 못하고 지친다고 느낄 수 있다.

흔히 '멘탈붕괴'로 알려진 감정 조절 장애

신경다양인: 최근 제가 멘탈붕괴meltdown를 겪고 있을 때, 아내가 앉아서 제가 어떤 감정을 느끼고 있는지에 대해 이야기해 보자고 했고, 저는 그 감정들이 저에게 어떤 것인지 설명할 수 있었어요. 그녀는 결혼 생활 내내 그것들을 자신에 대한 공격으로 잘못 해석

하고 있었더라고요. 그녀는 놀라서 말을 못하더군요. 그것이 우리 관계에 있어 얼마나 큰 깨달음이었는지 말로 표현이 다 안돼요. 이 대화 전에는 우리는 이혼을 향해 가고 있었어요. 이제 그녀가 제가 멘탈붕괴 중에 느끼는 방식을 바꿀 수 없다는 것과 그것이 누군가에 대한 증오와는 관련이 없다는 것을 이해하게 된 것이 큰 변화를 가져왔어요.

신경전형인: 그가 멘탈붕괴를 겪을 때, 너무 파괴적이어서 제가 살아남는 것만으로도 벅찹니다. 그는 더 이상 신체적으로 폭력적이지 않지만, 그가 주는 정서적 피해는 엄청나서, 저를 화나게 할 수 있는 모든 말을 다 하고, 나중에는 전혀 기억을 못 해요. 저는 그것을 이해하지만, 여전히 그 상황에서 대처하는 데에는 어려움이 있어요. 그냥 폭풍을 견디고 이겨 내야 할 것 같지만, 솔직히 말해 그는 너무 생각지도 못한 방식으로 아프게 해서 그로 인해 저는 며칠 동안 고생을 하게 되요.

신경다양인들이 내부 또는 외부 자극에 반응하는 자신의 내부 상태를 조절하는 기술을 익히기 전까지 멘탈붕괴를 겪는 것은 드물지 않다. 하지만 그런 기술을 익힌다고 하더라도, 누구나 힘든 날은 있기 마련이다. 멘탈붕괴는 단순히 감각 과부하에 대한 강렬한 반응이다. 많은 신경전형인 파트너가 이러한 문제를 행동 문제로 보는 경우가 많지만, 근본적인 원인은 신경학적 문제이다. 이 감정 조절 장애는 생떼 쓰기, 분노조절 문제, 공황 발작 등으로 나타나기도 하는데, 중요한 차이점은 그 원인이 취약한 감각 시스템에 있다는 점이다. 다시 말해, 문제의 근본 원인은 정서적이거나 행동과 연관된 것이 아니라 감각적인 것이다. 많은 신경다양인이 흔한 감각적 경험에 대해 과민반응을 보이는 경우가 있다(Lane, Miller, & Hanft, 2000; Wilbarger & Wilbarger, 1991). 큰 소음이나 예상치 못한 사건이 발생했을 때 지나치게 깜짝 놀라는 반응을 보이는 경우가 드물지 않다. 종종 신경다양인은 어린 시절부터 분노 조절 문제를 겪는 것으로 잘못 낙인찍히지만, 사실 그 문제의 원인은 감각 문제에서 비롯된 것이지, 주로 정서적 또는 행동의 문제가 아니다. 마치 주머니에 가시가 들어 있어서 당신을 찌르고 있는데, 당신도 그걸 깨닫지도 못하고 주변 사람들도 전혀 알지 못하는 상황을 생각해 보라. 당신은 그저 뭔가 불편하다는 것만 알고 있다. 이 불편함은 사라지지 않고 하루 종일 계속해서 당신을 찔러 대기만 한다. 그러면 당신은 어떻게 느끼고 행동할 것 같은가?

　신경전형인은 신경다양인이 일상생활에서 겪는 감각 문제의 정도를 이해하기가 매우 어렵다. 신경다양인은 겉으로 보기에는 완전히 정상처럼 보이고, 직장에서 일도 잘할 수 있지만, 집에 돌아오면 짜증을 내거나, 지쳐 있거나, 화가 나 있는 사람이 된다. 스스로를 신경다양인이라고 생각하는 모든 성인이 감각적 또는 신경학적 장애 진단을 받은 것은 아니지만, 진단을 받았더라도 신경전형인 파트너는 시간이 지나면서 자신의 욕구가 충족되지 않는 것에 대해 너무 화가 나서, 파트너가 겪고 있을 수 있는 어려움에 대해 동정심을 갖기 어려워질 수 있다. 두 파트너 모두가 좌절감을 느끼고, 신경다양인은 자신이 파트너에게 '충분히 좋은 사람'이 절대 될 수 없다는 두려움을 안고 살며, 내면에서는 파트너가 자신을 떠나기 직전이라고 생각하면서 매일을 살아간다. 다른 신경다양인들은, 이 위협에 대해 방어적 자세를 취하거나 또는 파트너가 자신의 부족함을 고의적인 것으로 믿고 감정적으로 상처를 주는 것에 반응하여, 관계를 끝내겠다고 위협하는 사람이 될 수도 있다. 둘 중 어떤 경우든, 이것은 관계 내에서 애착 불안을 초래할 수 있으며, 이로 인해 두 파트너 모두 완전히 편안해질 수 없다. 그들은 항상 '다음에 무슨 일이 일어날지'를 기다리고 있다. 좋은 수면, 좋은 영양과 수분 섭취 그리고 일상의 루틴은 모두 멘탈붕괴의 가능성을 줄이는 데 도움이 될 수 있다. 또한 자신의 특정한 감각 문제를 일으키는 환경적 요인들(예: 형광등, 시끄럽거나 지속적인 소음 등)을 살펴보는 것도 도움이 될 수 있다.

　커플은 멘탈붕괴를 유발하는 요인을 파악하고, 초기 경고 신호를 인식하여 멘탈붕괴를 피하기 위해 방향을 바꿀 수 있다. 신경다양인 파트너는 적어도 처음에는, 이러한 경고 신호를 알아차리는 데 어려움을 겪을 수 있기 때문에, 신경전형인 파트너가 상대에게 경고를 주고 스스로를 진정시키거나 달래기 위해 혼자만의 시간을 가지라고 알려 줄 수 있다. 신경다양인은 외부체력 모니터링(예: 수면 모니터링, 심박수 등)을 활용하면 자신이 멘탈붕괴 상태로 들어갈 가능성이 있음을 미리 인지하는 데 도움을 받을 수 있다(예: www.whoop.com 참조).

멘탈붕괴를 예방하는 첫 번째 과제는 그것이 무엇인지, 그리고 신경다양인 파트너에게 무엇이 멘탈붕괴를 유발하는지를 이해하는 것이다. 시끄러운 소음, 사회적 상황, 음식에 대한 민감성, 수면 부족이 유발하는 것일까, 또는 이 모든 것이 복합적으로 작용하는 것일까? 멘탈붕괴 후에 문제를 일으킨 감각적 자극에 대해 분석하는 것은 향후 이런 문제들을 예방하는 방법을 찾는 데 도움이 된다.

멘탈붕괴는 신경학적으로 발생하지만 행동 문제나 분노 조절 문제로 간주되는 경우가 많다. 커플은 이러한 상황을 어떻게 관리할지 배워야 두 파트너 모두에게 미치는 영향을 최소화할 수 있다.

자기자극행동

신경다양인: 저도 모르게 엄지손가락을 기하학적인 패턴으로 움직이거나 단어나 문구를 반복해요. 회의 중에도 뜨개질을 할 수 있어서 지금 원격 근무를 하는 게 너무 좋아요!

신경전형인: 제 파트너가 스트레스를 받을 때 아주 미묘한 행동을 한다는 것을 발견했어요. 엄지손가락으로 다른 손가락을 두드리거나 머리카락을 만지작거리거나 다리를 두드리는 등의 행동을 하죠. 가장 힘든 건 생살이 다 드러나도록 손톱을 물어뜯고 있을 때예요. 정말 안쓰럽기도 하지만 가끔은 저를 정말 미치게 만들어요!

자기자극행동^{stimming}이란 어떤 방식으로든 자신을 자극하는 행위를 의미한다. 이는 사람마다 매우 다양한 모습으로 나타날 수 있다. 자폐 스펙트럼에 속하는 사람들은 손을 퍼덕거리거나, 몸을 흔들거나, 돌면서 자기자극행동을 하기도 하지만 사람마다 다른 형태로 나타나기도 한다. 손발 꼼지락거리기, 톡톡 두드리기, 흥얼거리기, 휘파람 불기, 머리카락 꼬기, 점프하기, 손톱 물어뜯기, 관절 꺾기, 이갈기, 혀끝 차기, 입 안쪽 깨물기 등이 해당된다. 사회적으로 우리는 종종 이러한 행동을 경시하지만, 이러한 행동은 신경다양인들이 감각 정보를 관리하는 데 도움이 된다. 어떤 식으로든 우리 모두 자기자극행동을 한다. 자기자극행동의 목적은 자기 조절 또는 진정을 위한 것이다. 이는 감각 문제나 강렬한 감정에 대한 반응으로 나타날 수 있다. 다시 말해, 감각 문제와 정서적 민감성으로 인해 신경다양인이 신경전형인보다 이런 행동들을 더 필요로 하는 경우가 많지만, 어느 정도는 우리 모두 이러한 진정 행동을 한다.

> 여러 해 동안 관찰해 온 작은 특이한 행동들은 실제로 '자기자극행동'이거나 신경다양인 파트너가 스스로를 조절하거나 진정시키기 위한 방법일 수 있다. 신경전형인도 이러한 행동들을 하지만, 신경다양인의 경우에는 마치 낯선 땅의 이방인처럼 느껴지는 신경전형적 세상에서 사는 스트레스 때문에 더 필요할 수 있다. 손톱 물어뜯기, 머리카락 꼬기, 무릎 흔들기 등의 형태로 나타날 수 있으며, 피부 뜯기나 심지어 머리 돌리기처럼 더 심각한 형태로 나타나기도 한다. 자기자극행동은 감각 과부하로 인한 불안이나 고통을 해소하는 방법이다.

눈 맞춤

신경다양인: 저는 먼 곳을 응시하거나 멍하니 아무것도 안 보고 있을 때 듣고 말하는 것이 더 쉽다고 느껴요. 제 파트너를 직접 쳐다보지 않아도 될 때 상대방에게 집중하는 데 도움이 돼요. 짧은 시간 동안은 눈을 맞출 수 있지만, 제게는 큰 부담이 돼요. 파트너가

저에게 눈 맞추기를 기대한다는 것을 알기 때문에 억지로라도 하려고 해요.

신경전형인: 힘들어요. 제 눈을 절대 쳐다보지도 않고, 제 이름을 부르는 일도 거의 없어요. 그 사람이 저를 사랑한다는 건 알지만, 그 연결감이 정말 그리워요. 저는 항상 '눈은 영혼의 창'이라고 믿었는데, 그 믿음을 수정해야 할 것 같아요.

신경다양인이 눈을 맞추는 데 어려움을 겪는 것은 드문 일이 아니다. 수년에 걸쳐 눈 맞추는 방법을 배웠을 수 있지만, 그게 편한 경우는 드물다. 반응의 정도는 눈을 맞추는 데서 오는 가벼운 불편함부터 눈물이 고이는 경우도 있고, 말 그대로 타는 듯한 통증을 느끼는 경우까지 다양하다. 하지만 인간관계, 특히 연인관계에 있어서 우리 문화는 '눈이 영혼의 창'이라고 믿으며, 신경전형적 세상에서 눈 맞춤eye contact은 우리가 연결하는 방식이기도 하다. 신경전형인 파트너는 눈을 마주치지 않는 것을 종종 단절이나 무례함의 신호로 받아들이지만, 실제로는 신경다양인들은 이 감각적 문제를 스스로 조절하려고 노력하는 것일 수 있다. 나는 눈을 잘 마주치지 않아 '찔리는 게 있는' 사람처럼 보인다는 이유로 경찰의 심문을 받거나 '무관심한' 것처럼 보인다는 이유로 일자리를 구하지 못한 신경다양인을 여러 명 알고 있다.

신경전형인은 눈을 마주치지 않는 것을 무관심, 공감 부족 혹은 단절의 신호로 해석하는 경우가 많다. 만약 신경전형인 파트너가 낮은 자존감을 가지고 있다면, 상대가 눈을 맞추지 않는 것을 자신이 가치가 없다는 증거로 해석할 수도 있다. 또한 문화적으로도 우리는 눈 맞춤이 신뢰성과 관련이 있다고 보는 경향이 있다. 신경다양인은 일반적으로 상대방과 연결하려고 당신과 눈을 피하는 방식으로 자신의 불안을 조절하려고 애쓴다는 점을 이해하는 것이 중요하다.

동시에, 신경다양인은 자신의 파트너가 눈 맞춤을 중요한 연결 방식으로 여긴다는 점을 인식하고, 파트너의 얼굴을 보려고 노력해야 한다. 한 가지 요령은 직접 눈을 바라보는 대신 파트너의 귀를 바라보거나 미간을 바라보는 것인데, 이는 불안을 줄이면서도 파트너가 당신이 연결하려는 시도를 하고 있다고 느끼게 한다. 이런 제안은 '사회적 가면쓰기'처럼 느껴질 수 있어서 어려울 수 있다. 그리고 두 사람은 서로 다른 문화적 배경을 가진 관계이므로, 각자의 차이를 좁히기 위해 서로 노력해야 한다. 또한 신경전형인도 눈 맞춤이 단순한 문화적 기대일 뿐, 친밀함을 위한 필수 요소는 아니라는 점을 이해해야 한다. 시각장애인을 생각해 보라. 시각장애인이 파트너와 연결되는 능력이 부족하다고 생각하는가? 사랑에는 눈이 필요하지 않다. 실제로 파트너는 당신을 쳐다보지 않음으로써 당신의 말을 잘 들으려고 노력할 수도 있다.

신경전형적 세상에서 눈 맞춤은 관심, 친밀감, 연결감을 나타내는 중요한 요소이다. 하지만 신경다양인에게 눈 맞춤은 신체적 불편함을 초래하거나, 그들이 더 잘 듣기 위해 과도한 감각 자극을 피하려는 시도로 작용할 수 있다. 사실, 그들은 눈을 맞추지 않음으로써 오히려 더 깊이 집중해서 듣고 있을 수 있다.

감각 민감성이 미치는 영향: 샤워, 성관계 그리고 양치질이 어려운 이유

샤워

신경다양인: 목욕과 샤워는 저에게 스트레스를 주는데, 그건 없어도 될 추가적인 스트레스처럼 느껴져요. 사회는 사람들이 깨끗하고 단정해 보이는 것에 너무 집착해요. 물론, 그래도 위생관리에 대해 부드럽게 알려 주는 건 필요할 수도 있어요. "너 냄새가 너무 심해." "세상에, 너 이가 되게 누렇다!"라고는 말하지 말아 주세요. 인내심을 가지고 "샤워를 한번 하는 게 좋을 것 같아."라고 얘기해 주세요.

신경전형인: 저는 남자친구의 위생상태에 대해 여러 번 이야기한 적이 있어요. 저는 남자친구를 엄마처럼 보살피거나, 잔소리하거나 조종하고 싶지 않아요. 저는 남자친구를 좋아하지만, 샤워를 자주 하지 않는 건 그에 대한 성적 흥미가 떨어지게 만들어요…….

신경다양성 커플 관계에서 위생은 종종 언쟁의 원인이 될 수 있다. 이는 한편으로는 우리가 얼마나 자주 샤워나 목욕을 '해야 한다'는 사회적 기대 때문이기도 하고, 다른 한편으로는 목욕이나 샤워를 안 해서 나는 냄새나 기름진 머리카락 같은 요소들이 상대와 가까이 있고 싶지 않게 할 수 있기 때문이다. 이는 일반적으로 감각 문제에서 비롯된다. 신경다양인에게 위생 문제는 주로 감각 민감성과 관련이 있다. 신경다양인 파트너는 특정한 비누나 샴푸의 느낌이나 냄새를 싫어할 수도 있고, 심지어 물이 피부에 닿는 감각 자체를 싫어할 수도 있다. 또한 위생 관리를 소홀히 하는 것이 상대에게 불편을 줄 수 있다는 사회적 신호를 잘 인식하지 못하는 것과도 관련이 있을 수 있다. 나는 또한 일부 사람들이 화장실 사용과 관련된 루틴을 지나치게 의례화하다 보니(불안을 줄이기 위해 사용하는 의식과도 같은 행동들), 샤워나 목욕을 시작하는 것조차 부담스러운 일이 되는 경우도 보았다. 샤워나 목욕을 어려워하는 것은 일반적으로 감각 처리 문제에서 비롯된다(Crane, Goddard, & Pring, 2009).

> ★★
>
> **신경다양인이 목욕이나 샤워를 꺼리는 가장 근본적인 이유는 감각 처리 문제 때문이다. 이는 신경전형인에게는 쉬운 일이 신경다양인에게는 훨씬 더 어려운 일이 될 수 있으며, 신경전형인 파트너는 상대와 더 가까이 있고 싶지만 위생 문제로 인해 정 떨어진다고 느낄 수도 있는 반면, 신경다양인 파트너는 정기적으로 샤워하거나 목욕하는 데 필요한 에너지가 부족할 수도 있기 때문에 커플 사이에서 갈등의 원인이 될 수 있다.**
>
> ★★

성관계

신경다양인: 저는 스킨십을 좋아하는 사람이 아니라서 키스를 할 때도 빨리 끝났으면 하는 마음이 들어요. 성관계를 할 때는 즐겁지만, 절대로 하고 싶다는 생각이 들진 않아요. 그는 제가 성관계를 하고 싶어 하지 않는 것에 대해 매우 민감하게 반응해요. "당신

때문이 아니라, 그냥 내 문제야."라고 어떻게 말해야 할까요?

신경전형인: 제 남자친구는 자폐 스펙트럼에 속해요. 일주일에 한 번 정도 성관계를 하는데, 횟수는 제가 원하는 것보다 적지만 질적으로는 더 좋아요. 문제는 항상 제가 먼저 섹스를 제안하고 거절당할 때가 많다는 거예요. 그는 성욕이 높지 않은데, 저는 이것을 개인적으로 받아들이지 않을 수 있는 방법을 모르겠어요. 이성적으로는 그의 거절이 저를 개인적으로 거절하는 것이 아니라는 걸 알지만, 여전히 상처를 받아요. 그는 제가 이렇게 느낀다는 걸 알고 있지만, 저희는 이 문제에서 좀처럼 해결책을 찾지 못하고 있어요. 우리가 짧은 여행을 갔을 때 정말 멋진 성관계를 했어요. 저는 남자친구에게 가볍게 먹고 다시 한번 더 성관계를 하고 싶은지를 물었는데, 그는 "이제 신경 쓸 필요 없잖아. 이번 주말엔 이미 했으니까!"라고 말했어요. 그가 너무 안도하는 것처럼 들렸고, 성관계가 마치 귀찮은데 해치워야 할 일 같았어요! 너무 속상했어요.

신경다양성이 일반적으로 사회적 상호작용, 감정, 신체 및 감각 지각에 영향을 미친다는 점을 감안할 때, 성 또한 종종 어떤 식으로든 신경다양인에게 영향을 미친다. 그러나 모든 영역에서와 마찬가지로 성적인 기준은 신경전형인에 의해 형성되기 때문에, 신경다양인은 그 기준과 차이가 있는 경우 병리화된다. 신경다양인은 사랑을 바탕으로 한 성적 관계를 맺기도 하지만 쾌락에 기반한 성적 관계, 무성애 또는 혼자만의 성적 경험을 즐기기도 한다(Bertilsdotter & Jackson-Perry, 2021). 파트너 간의 성욕 차이는 흔한 일이지만, 신경다양성 커플 사이에서 이러한 차이가 더욱 극명하게 나타나는 경우가 많다. 자폐가 있는 사람들의 경우 성적 친밀감을 방해하는 감각 민감성 문제가 있을 수 있다. ADHD를 가진 사람들은 성관계 중 집중하기 어려울 수 있으며, 이러한 특성을 파트너가 이해하지 못하면 거절당했다는 느낌이나 열등감을 느낄 수 있다. 불안 또한 성적으로 연결되고 싶은 욕구를 방해할 수 있으며 성적 행위에도 영향을 미칠 수 있다. 신경전형인 파트너의 경우, 역할 부담이 크거나 번아웃 상태일 때 혹은 정서적 친밀감에 대한 욕구가 충족되지 않을 때 성욕이 저하될 수 있다.

> ★ ★
> 신경다양인은 성적 활동에서 감각 민감성으로 인해 어려움을 겪거나, 불안이 성적 욕구를 방해할 수 있다. 번아웃을 겪는 신경전형인 파트너들은 역할 과부하나 정서적 친밀감 욕구가 충족되지 않는 것에 대한 원망으로 인해 성욕이 약화되는 경우가 많다.
> ★ ★

양치질

신경다양인: 어떤 날은 30초 정도 양치를 할 수 있지만, 구역질이 날 것 같아서 멈춰야 할 때도 있어요. 어떤 날은 겨우 15초만 견딜 수 있고, 항상 노력은 하지만 어떤 날은 양치질을 전혀 할 수 없을 때도 있어요. 내 몸은 떨리고 경련하듯이 움찔거리며, 목과 팔에 소름이 돋을 정도예요. 입안에서 느껴지는 감각과 치약의 강한 맛 때문에 구역질이 나올 것 같은 반사반응을 억누르는 데에 모든 집중력을 쏟느라 저의 뇌는 얼어붙는 느낌이에요. 감각 민

감성이 있는 사람에게 양치질이 얼마나 힘든 일인지 많은 사람
이 상상도 못할 거예요(Anonymously Autistic 블로그에서 발
췌, 2016).

신경전형인: 제 아내는 저에게 키스를 하려고 하지만 절대 양치질을 하지 않
아요. 저는 아내의 입냄새나 치아의 플라그 잔여물을 감당할
수 없어서 아내를 피하려고 해요. 저는 아내를 사랑하지만 아내
의 위생 관리 부족이 우리 결혼 생활을 망치고 있어요.

이 두 가지 사례는 감각 민감성이 양치 습관에 영향을 미칠 때 커
플이 겪을 수 있는 딜레마를 보여 준다. 첫 번째 사례는 신경다양인
이 경험할 수 있는 극심한 감각 민감성과, 단순한 양치질조차 얼마
나 힘든 일이 될 수 있는지를 보여 준다. 두 번째 사례에서의 파트너
는 치아 위생 부족이 상대를 역겹게 만들 수 있고, 관계에 거리감을
만들 수 있음을 보여 준다.

화장실에서 나오기는 할 거야???

신경전형인: 그이가 화장실에서 보내는 시간이 너무 답답해요! 말 그대로 매
일 밤 몇 시간씩이에요. 결국 제가 문자까지 보내서 언제 나올
거냐고 물어봐야 해요. 저는 화장실 미망인이에요!

신경다양인: 제가 왜 화장실에서 그렇게 많은 시간을 보내냐고요? 감각 정
보에 과부하가 걸리기 때문이에요. 화장실은 외부 자극이 거의
없는 공간이에요. 보통 하얀색에 약간의 포인트 색상만 있고,
조용하며 사회적 상호 작용이 많지 않죠. 화장실에 있는 동안

에는 성가실 일이 거의 없고, 아무도 저에게 어떤 것도 기대하지 않아요. 화장실은 저에게 잠시 모든 것에서 벗어날 수 있는 공간을 제공해요. 저는 화장실을 저의 '명상실'이라고 부르는 것을 좋아해요. 저는 사교적인 상황에서도 화장실에서 이렇게 합니다. 저는 단지 잠깐 쉬기 위해 화장실에 가죠. 그곳에서는 아무도 저를 방해하지 않아요. 일단 화장실에 발을 들이는 순간(그곳이 깨끗하다는 전제하에) 압도적인 평온함과 안전함을 느껴요. 근육은 더 이상 긴장되지 않고 손의 떨림이 멈추며, 온몸이 편안해져요.

많은 사람이 조용한 시간을 갖든, 따뜻한 샤워나 아주 편안한 목욕을 하든 화장실에서 휴식을 취한다. 하지만 신경다양인들에게는 화장실에서 휴식을 취하는 것이 감각 과부하나 부담스러운 사회적 상황에서 벗어나 시간을 보낼 수 있는 중요한 대처 전략이 될 수 있다. 이는 해야 할 일들이 제대로 되지 않거나 파트너가 버림받은 것처럼 느낄 때, 또는 파트너가 혼자 남겨져서 집안일이나 육아를 해야 한다는 좌절감을 느낄 때 갈등을 유발할 수 있다. 신경다양인 파트너의 경우, 장이 예민한 경우가 흔하며, 과민성 대장 증후군과 같은 문제가 일상생활에 지장을 줄 수 있다. 이로 인해 화장실은 커플 사이에서 민감한 주제가 되기도 한다. 한 파트너는 버려진 듯한 느낌을 받고, 다른 파트너는 감각 자극이 적은 조용한 공간에서 잠시 쉬어야 할 필요를 느끼기 때문이다.

화장실은 신경다양성 커플 사이에서 갈등의 원인이 될 수 있다. 감각 민감성(예: 예민한 소화기관) 때문이거나, 감각 자극에서 벗어나 휴식을 취하기 위해 신경다양인 파트너가 화장실을 일종의 도피의 장소처럼 사용하기 때문이다. 오랜 시간 화장실에 머무르는 것은 다른 사람들에게 불편을 줄 수 있을 뿐만 아니라, 신경전형적인 배우자는 이러한 행동으로 인해 버림받았나는 느낌을 받거나, 파트너가 조용한 화장실로 오랫동안 피신함으로써 해야 할 일들을 끝내지 못하는 것에 대한 원망이 생길 수 있다.

06

블랙홀─
정신적 유연성과
'흑백논리적 사고'

신경다양인들의 가장 매력적인 특징 중 하나는
그들이 정의와 공정성을 강조하며,
이런 부분에 강력한 가치를 둔다는 점이다.
그러나 신경다양성 커플의 관계에서는
이러한 특성이 자신이 불공정하거나 부당하다고
여기는 것들에 대해 끝없는 논쟁을 부르는 원인이 될 수도 있다.

신경다양인: 미래는 어떤 모습일까에 대한 생각이 제 머릿속을 사로잡으면, 그것을 바꾸기가 정말 어려워요! 제 자신을 조금 덜 심각하게 받아들이고, 덜 방어적이려고 하는데 그게 쉽지가 않아요. 저의 사고방식이 좀 완고하거든요.

신경전형인: 아내에게 자연스럽게 이해하지 못하는 부분이 있다는 걸 알게 된 것이 도움이 되었어요. 아내는 저의 파트너가 되어서 새로운 것을 경험하고 성장하는 데 도움이 되었다고 말했고, 저의 삶에 든든한 축과 루틴과 안정감을 가져다주었어요.

신경다양인은 종종 정신적 유연성에 어려움을 겪는다. 부분적으로는 사회적 신호와 어떻게 행동해야 하는지를 해석하는 능력이 제한된 상태로 낯선 환경에서 살아가야 하기 때문이다. 이러한 특성은 일반적으로 다음과 같은 특징으로 나타난다.

- 일상의 의식들ritual과 루틴을 그대로 유지하려는 강한 집착
- 이러한 의식들과 루틴 변화에 대한 유연성 부족
- 일상생활에 변화가 생길 때 적응에 어려움을 경험

일반적으로 이러한 특징들은 불안을 조절해야 하는 필요성 때문에 발생한다. 늘 하던 대로 유지하려는 것, 의식처럼 행하는 일들 그리고 루틴 등은 예측 가능성을 제공하여 신경다양인에게 안정감을 준다.

유연성에는 여러 유형이 있는데, 신경다양인들은 변화에 적응하는 데 필요한 여러 유연성 유형 중 하나 이상에서 어려움을 겪는다. 리더십 분야에서 차용한 개념에 따르면, 유연성은 세 가지 유형으로 나뉘며, 신경다양인들은 이 중 하나 이상에서 어려움을 경험한다.

⭐⭐

감각 민감성 및/또는 불안 조절을 위해 신경다양인들은 종종 일상에서 루틴과 의식들을 행하며 도움을 받는다. 하지만 자녀 양육, 휴가 또는 기타 일상적인 위기 상황으로 인해 의식처럼 행하는 일들과 루틴들이 변경될 때 어려움을 경험하곤 한다.

⭐⭐

인지적 유연성

신경다양인: 저는 일상생활에서 제가 하는 거의 모든 일에서 최대한 효율적으로 일하려고, 뇌가 끊임없이 스캔하고 분석적으로 처리하는 듯한 느낌이 들어요. 저는 계속해서 다양한 요소를 수집하고, 인과관계를 분석하고 평가해요. "X를 하면 Y로 이어지겠지." "X를 하기 전에 Y의 결과를 아는 게 좋을 것 같으니 Y를 먼저 알아봐야겠어." "이 작업은 이 순서대로 하는 게 합리적일 거야, 왜냐하면……." 저는 거의 항상 정답을 찾아내고, 그녀도 제가 대부분 맞다고 인정해요. 이 과정 중에 아내가 종종 끼어드는데, 그러면 생각이 흐트러지고 제가 화를 내기도 해요.

신경전형인: 그가 여행을 갈 예정이라, 뭔가 챙겨 주고 싶어서 햄 샌드위치를 만들어 줄까 하고 물어봤어요. 그런데 집에 햄이 없다는 걸 알

게 됐고, 그가 폭발해서 화를 낼까 봐 무서워서 뭔가 다른 걸 제
안하기가 겁이 났어요. 전 그가 언제 기분이 상할지를 모르겠어
요. 언제나 조심조심 살얼음판을 걷는 느낌이에요.

인지적 유연성은 주어진 상황을 관리하기 위해서는 다양한 사고
전략을 사용하는 능력이 필요하다. 인지적 유연성이 있으면 여러 가
지 시나리오를 동시에 염두에 두고, 언제 사고의 전환이 필요한지를
인식할 수 있다(Center for Creative Leadership, 2021). 인지적 유연성
이 부족하면 흔히 '흑백논리적 사고' 또는 '이분법적 사고'라고 부르
는 사고방식에 빠지게 된다. 모든 것은 '맞다' 또는 '틀리다' 뿐이다.
이러한 사고방식은 신경다양인이 '정확성'을 인정받고 보상을 받을
수 있는 직장에서는 장점이 될 수 있지만, 개인적인 관계를 맺는 상
황에서는 갈등을 유발할 수 있다.

이 커플의 경우, 집중적인 사고 과정 때문에 아내는 남편을 방해
할까 봐 두려워하게 되었고, 이로 인해 관계에서 약간의 원망과 거
리감이 생겼다. 신경다양인 파트너가 인지적 유연성이 부족하다 보
니 반복적으로 감정이 폭발하는 일이 생겼고, 이로 인해 아내는 남
편과 소통할 때마다 위축되고 조심스러운 태도를 취하게 되었다.

흑백논리적 사고는 보통 불안이나 감정적 흥분으로 인해 발생하
며 충동적인 결정으로 이어질 수 있다. 이런 사고방식은 스트레스
를 받을 때 파트너를 '모든 게 나쁜 사람' 또는 '모든 게 좋은 사람'으
로 바라보게 만든다. 이런 일이 발생할 때 상대방을 비난하는 경우
가 흔하다. 이러한 사고 방식은 흑백이 아닌 다양한 음영의 회색으
로 생각하는 법을 배우면서 조정될 수 있다. 인지행동치료는 이러한
문제가 개인이나 관계에 부정적인 영향을 미칠 때 도움이 된다.

정서적 유연성

신경다양인: 제 파트너는 제가 그 사람을 지지하지 않는다고 비난해요. 그러면 저는 방어적인 태도로 내가 그동안 어떻게 그를 지지해 왔는지를 이야기해 줘요. 어떤 방법으로 지지했는지를 구체적인 예를 들어 가며 몇 번이나 설명해야 해요. 저의 노력은 별로 안 중요한 것 같고, 그 사람 귀에 안 들리는 거 같아서 정말 답답해요.

신경전형인: 저는 정말로 다툼을 피하려고 해요. 왜냐하면 한번 시작되면 끝이 나질 않거든요. 그녀는 계속해서 제가 이렇게 느끼는 게 잘못이라고 말해요. 저는 항상 아내가 저보다 훨씬 똑똑하다고 생각해서 그녀의 말을 들어야 한다고 믿지만, 솔직히 이제 지쳤어요. 그녀는 한 번도 제가 어떻게 느끼는지 제대로 들어주지 않아요. 마치 저는 변론을 해야 하는 입장 같고, 그녀는 제 논리를 조목조목 분석하는 변호사처럼 느껴져요.

정서적 유연성이란 상대방의 감정을 이해하고, 그에 맞춰서 접근 방식을 조정하여 더 깊이 연결될 수 있도록 상대방에게 집중하는 능력을 의미한다. 이는 신경다양인이 상대의 반응에 따라 자신의 반응을 바꾸는 데 어려움을 겪을 수 있음을 뜻한다. 정서적 유연성은 상대방의 불만을 경청하는 것과 회피하거나 단절하지 않는 것을 포함한다. 유연성이 부족하다는 것은 상대방의 걱정이나 감정을 무시하는 방식으로 나타날 수 있다(Center for Creative Leadership, 2021). 앞의 사례에서 신경다양인은 자신이 지지해 주지 않는다는 파트너의 주장에 대해, 어떻게든 논리적으로 방어하려고 애쓴다. 그들은 자신이 지지했다는 '증거'에 대해 파트너는 관심이 없다는 걸 이해하는 데 어려움을 겪는다. 하지만 지지받지 못했다고 느끼는 신경전형인 파트너의 정서로 들어가서, 파트너가 지지받는다고 느끼게 하려면 실제로 무엇이 필요한지는 알지 못한다. 그 대신 끝없이 자신을 방어하는 과정에 갇혀서, 결국 두 파트너 모두 좌절과 단절감을 느끼게 된다.

> ⭐⭐
> 이러한 어려움은 신경다양성 커플 사이에서 흔히 발생한다. 종종 신경전형인 파트너는 이해받고 싶다는 강한 욕구와 함께 그런 감정이 들수 있겠다는 정서적 타당화를 원한다. 신경다양인은 파트너의 욕구에 맞춰 전환하는 데 어려움을 겪으며, 당면한 문제를 해결하려고 논쟁하는 방식을 고수한다. 이는 갈등을 바라보는 두 가지 다른 관점을 보여 준다. 신경전형인 파트너는 자신의 감정이 어떤지 들어주기를 원하고, 신경다양인 파트너는 자신의 논리가 타당하다는 것을 인정받고 문제가 해결되기를 원한다.
> ⭐⭐

성향적 유연성

신경다양인: 저는 늘 비관주의자라는 꼬리표를 달고 다니지만, 그보다는 '현실주의자'라는 표현을 선호해요. 계속해서 쾌활한 사람들과 함께 있으면 정말 짜증이 나요. 저의 비관주의는 저 자체이며 낙관적인 사람들이 아무리 부정적인 비판을 해도 멈추거나 치

　　　　　료할 수 없어요!

신경전형인: 저는 제 파트너가 비관주의자라고 생각하지는 않지만 상당히
　　　　　부정적으로 보일 거예요. 저의 개인적 경험으로 말씀드릴 수 있
　　　　　는 것은 그녀가 꽤 행복하고 만족스러운 사람임에도 불구하고
　　　　　사람들은 그녀가 말하는 방식 때문에 비관론자라고 판단한다
　　　　　는 거예요.

　　성향적 유연성은 개인이 상황을 현실적으로 인식하면서도, 발생
하는 일들에 대해 낙관적인 태도를 유지할 수 있도록 하는 능력이
다. 이러한 유연성을 가진 사람은 어려움을 인정하면서도, 상황이
어떻게 변화하고 나아질 수 있는지를 상상할 수 있으며, 이러한 불
확실성을 견딜 수 있다(Center for Creative Leadership, 2021). 불안, 과
거의 부정적인 경험이나 트라우마 또는 지나치게 쾌활한 사람들에
대해 참지 못하는 점 등과 같이, 신경다양인들이 성향적 유연성을
가지는 데 방해가 되는 요소는 매우 많다. 그들은 지나치게 밝은 사
람들을 진실하지 않다고 해석할 가능성이 높다. 그러나 앞의 사례처
럼 신경다양인 파트너는 실제로는 꽤 만족스러운 삶을 살고 있지만,
다른 사람들에게 오해를 받는다. 실제로, 신경다양인은 문제 해결
중심의 사고방식을 갖고 있기 때문에, 신경전형인이 신경 쓰는 일들
에 대해 덜 감정적으로 반응할 수 있으며, 감정적으로 격앙된 상황
에서도 더 유연하게 평가하는 경향이 있다.

★★
신경다양인 파트너는 종종 신경전형인 파트너보다 감정적인 상
황을 더 냉정하게 평가할 수 있다는 장점을 가지고 있다. 그들은

종종 현실주의적인 성향을 보이는데, 실제로는 부정적이거나 비관적인 감정을 느끼지 않을 때도 다른 사람들에게는 비관적으로 보일 수 있다.

공정성과 정의에 대한 강조

신경다양인: 저는 관계 속에서 느끼는 어떤 불균형에 대해 마음속으로 항상 불평하는 것 같아요. 그것이 집안일, 사랑, 성관계, 그 외에 어떤 주제이든 간에, 핵심은 항상 제가 공정함을 느끼지 못한다는 거예요. 제가 파트너를 위해 무언가를 해 주면, 일종의 '대가성 교환'처럼 파트너에게 그 대가로 뭔가를 기대하게 되요. 저는 관계 안에서 동등한 교환을 하고 싶은, 말로 표현되지 않는 기대가 있는 것 같아요. 때로는 사랑에 기반한 관계라기보다는 경쟁 관계처럼 느껴지기도 해요.

신경전형인: 대부분의 일정 관리와 정리정돈을 제가 도맡아 해야 해서 너무 지치는데, 아내가 "그건 불공평해."라고 말하는 걸 들으면 정말 어이가 없어요. 아내는 머릿속에 자신이 생각하는 '공평함'에 대한 전체 시스템을 가지고 있어서 제가 이 관계를 위해 얼마나 모든 것을 쏟고 있는지를 이해하지 못하는 것 같아요. 결국 저희는 마지막으로 화장실을 청소한 사람이 누구였는지 혹은 마지막으로 식기세척기에서 그릇을 꺼낸 사람이 누구였는지와 같은 사소한 일로 다투게 되죠. 정말 진이 빠져요.

신경다양인들은 대개 매우 솔직하며, 자신의 삶과 타인을 위한 공정성과 정의를 위해 싸울 것이다. 만약 신경다양인들이 어떤 것이 불공평하거나 정의롭지 않다고 느끼면, 정의를 추구하는 과정에서 강한 반응을 보일 가능성이 크다. 이러한 성향은 때때로 신경전형인 파트너를 피곤하게 할 수 있지만, 신경다양인이 타인의 권리를 위해 싸우고, 동물과 환경을 윤리적으로 대해야 한다는 것을 중요하게 생각하며, 사회의 권력 불균형을 바로잡으려 하는 모습에는 순수함이 담겨 있다. 그러나 관계 내에서는 실제로 측정하기 어려운 것들에 대해 건강하지 않게 점수를 매기는 방식으로 이어질 수 있다. 또한 때때로 신경다양인 파트너는 자신이 불공평하다고 여기는 문제에 집착하며 반복적으로 곱씹는 경우가 있다. 집착이란 자기도 모르게 계속하는 생각이나 그만두고 싶은 욕구에도 불구하고 계속 행동하는 것을 말한다. 그래서 커플 사이에서 이미 해결됐다고 생각했던 오래된 주제가 다시 떠오르면, 이미 해결되고 잊혀진 주제라고 생각했던 신경전형인 파트너는 큰 곤혹스러움을 느끼게 된다.

> 신경다양인들의 가장 매력적인 특징 중 하나는 그들이 정의와 공정성을 강조하며, 이런 부분에 강력한 가치를 둔다는 점이다. 그러나 신경다양성 커플의 관계에서는 이러한 특성이 자신이 불공정하거나 부당하다고 여기는 것들에 대해 끝없는 논쟁을 부르는 원인이 될 수도 있다.

전환

신경다양인: 저는 루틴이 바뀌는 게 정말 싫어요! 심지어 휴가처럼 나중에는 즐기게 될 거라는 걸 아는 일에도 불안한 마음이 들어요. 제 루틴이 방해받아야 하는 상황이면 미리 말해 달라고요! 갑작스러운 루틴의 변화는 감각 과부하를 일으킬 수 있어요. 저는 루틴이 꼭 필요하고, 그렇지 않으면 정신이 나갈 것 같아요. 변화는 언제나 저의 균형을 흔드는 도전이에요.

신경전형인: 제 아내는 일이 어떻게 되어야 하는지에 대해 아주 구체적인 아이디어를 가지고 있어요. 만약 우리가 그 방식과 다르게 하면 아내는 돌아 버려요. 저도 유연성을 유지하려고 노력하지만, 막상 뭔가 일이 생기면 그 경직된 태도 때문에 미치겠어요. 저희에게는 어린아이들이 있고, 삶은 예상대로만 흘러가진 않는다고요!

　신경다양인들이 변화에 맞춰 전환하는 것은 그들뿐만 아니라 그들의 파트너에게도 어려울 수 있다! 신경다양인 파트너는 불안을 조절하기 위한 한 가지 방법으로 일상의 규칙과 의식들과 루틴을 강하게 유지하는 경향이 있다. 이는 어느 정도까지는 효과적이지만, 앞의 사례에서처럼 어린아이를 키우면서 유연성이 필요할 때에는 문제가 될 수도 있다.

　또한 앞서 언급한 바와 같이, 신경다양인은 과도하게 집중하는 경향이 있어 다른 일에 주의를 돌리는 데 어려움을 겪는다는 연구 결과가 있다(Ashinoff & Abu-Akel, 2019; Ward, Wender, & Reimherr,

1993). 이로 인해 전환하는 것과 갑작스럽게 방해받는 것을 더욱 힘들어한다. 신경다양인 파트너는 무엇을 하든 완전히 몰입하기 때문에 신경전형인 파트너는 자신이 무시당한다고 느낄 때가 많다. 비디오 게임은 신경다양인이 스트레스를 해소하고 활력을 되찾는 흔한 방법이지만, 신경전형인 입장에서는 마치 상대가 우주로 떠난 것처럼 느껴지며 그동안 신경전형인 파트너에게는 집안일과 육아 등의 일들이 쌓이게 된다. 신경다양인은 스스로를 재정비하여 더 좋은 파트너가 되기 위한 시간을 갖는 것과 파트너를 돕기 위해 현재에 존재하는 것 사이에서 고민하게 된다. 이 사이에서 갈팡질팡하는 것은 양쪽 파트너 모두가 서로에게 필요한 것이 무엇인지 이해하고, 이러한 휴식 시간이 어떻게 서로의 연결감을 강화할 수 있는지를 깨닫기 전까지는 잘 이루어지지 않는다.

또한 신경다양성에는 종종 경직된 사고가 동반되며, 이는 특히 자폐 스펙트럼에 있는 사람들에게서 두드러진다. 특정 시간에 특정 방식으로, 특정한 순서로 일을 해야 한다는 신념은 쉽게 바뀌지 않는다. 정신과 약물은 때때로 불안을 감소시켜 경직된 사고를 완화하는 데 도움이 될 수 있으며, 이는 두 파트너 모두에게 약간의 안도감을 줄 수 있다.

의식들 rituals과 루틴에 대한 의존도 그리고 당면한 주제에 대한 과도한 집중으로 인해 신경다양인은 변화와 전환에 저항감을 보이곤 한다. 이는 특히 즉흥적인 것을 좋아하는 신경전형인 배우자에게는 좌절감을 줄 수 있다.

이상언행반복증

신경다양인: 저는 가끔 성가시게 같은 말을 반복하는 버릇이 있는데 제 파트너는 그것 때문에 짜증이 많이 난다고 해요. 저도 그만하려고 노력하지만 그게 참 어려워요. 뭔가 반복하는 행동이 저를 진정시키는 것 같아요. 그리고 제가 했던 모든 나쁜 일들을 주 단위 또는 월 단위로 주기적으로 떠올리는 것 같아요. 물론 모든 기억은 아니지만 아마 100~300개의 기억이 돌아가면서 떠오르는 것 같아요.

신경전형인: 말다툼이 있을 때 제 파트너는 몇 번이고 그 문제를 계속 곱씹어요. 그는 좀처럼 넘어가질 않아요. 같은 논점을 계속해서 꺼내며, 절대 이 문제를 넘어가지 않을 것 같은 느낌이 들어요.

신경다양인 파트너가 열정적으로 빠져 있는 관심사들이 있다는 걸 알고 있을 텐데, 그것도 그들의 신경학적 특성과 관련이 있다. 이는 그들의 독특하고 멋진 뇌가 가진 장점이다. 하지만 단점도 있는데, 그것이 바로 '이상언행반복증^{perseveration}(보속증)'으로 불리는 현상이다. 이는 신경다양인이 어떤 생각이나 사고의 틀에서 또는 심지어 활동이나 과제에서 전환하는 데 어려움을 겪는 것을 의미한다.

이는 신경다양인이 뛰어난 기억력을 가지고 있고 논쟁을 쉽게 놓지 못하는 관계에서는 특히 더 어렵다. 사실 신경전형인은 논쟁에서 느낀 감정적 불공평에 여전히 사로잡혀 있는 반면, 신경다양인은 논쟁의 논리적 근거에 대해서 집착하곤 한다. 이로 인해 사소한 서운함부터 본격적인 큰 싸움까지 끊임없이 반복될 수 있다. 신경다양인 파트너는 자신의 논리가 이해되기를 원하고, 신경전형인 파트너는 자신의 감정이 이해되기를 원하며 둘은 이런 성향을 고집한다. 이는 많은 관계에서 흔히 나타나는 패턴이지만, 신경다양성의 특성이 있을 경우 더욱 극단적으로 드러날 수 있다.

또한 신경다양인은 파트너가 자신이 한 얘기를 알아들었다고 하는데도 불구하고 같은 말을 반복하기도 한다. 이는 다른 사람을 짜증 나게 하려는 의도가 있는 게 아니라, 뇌가 이 상태에 '갇혀 버리는' 것이다.

마지막으로, 같은 생각을 계속 반복하면서 벗어나기 어려운 고리에 갇히는 것과 같은 강박장애^{OCD} 증상으로 나타날 수 있다. 그러나 강박증은 일반적으로 더 심각하며, 특정한 생각이나 행동에서 오는 스트레스를 줄이기 위한 의식들을 동반한다. 신경다양인도 강박장애를 겪을 수 있지만, 특정한 생각이나 행동에 갇히는 것이 꼭 강박장애가 있어서가 아니라 이상언행반복증에서 비롯된 경우도 있다.

> 이상언행반복증이란 신경다양인 파트너가 어떤 주제, 행동 혹은 사고 패턴에 '갇혀' 그것에서 벗어나지 못하는 현상을 의미한다. 이로 인해 신경다양인은 같은 말을 반복하거나 오래된 논쟁을 다시 꺼내는 경향이 있다. 신경전형인 파트너는 이러한 상황을 피하기 위해 회피하거나, 흥미 있는 척하거나, 화를 내거나 혹은 파트너가 그 주제에서 벗어나도록 유도하는 말을 하기도 한다.

사회적 가면쓰기와 "하지만 우리가 처음 만났을 때는……."

신경다양인: 수년 동안 저는 '정상적'이 되려고 노력했어요. 사람들의 상호
작용을 관찰하고, 다른 사람들과 소통하기 위해 스스로 '대본'
을 만들어 연습도 했죠. 가면쓰기는 제 두뇌 CPU의 100%를
사용하게 해요. 그러면서 주변에서 일어나는 모든 상호작용을
분석하고 적절하게 대응하려고 노력하죠.

신경전형인: 저희가 처음 만났을 때 아내는 정말 세심하게 저를 신경 써 줬는
데, 결혼 후 다시 비디오 게임에 빠져서 아내의 관심을 끌기가
정말 힘들어요. 속은 것 같은 기분이에요. 결혼 전에는 완전히
다른 사람이었던 것 같아요. 그녀는 정말 세심하고 저에게 집중
했었거든요.

대부분의 신경다양인은 자신이 다른 행성에서 왔다고 느끼지만,
이곳에서 잘 살아가기 위해서는 사회에 적응하는 법을 배워야 한다.
이 과정에서 '사회적 가면쓰기^{Masking}'가 생겨나는데, 이는 말 그대로
사회에 맞추기 위해 다른 얼굴을 장착하는 것을 의미한다. 이는 거
짓말을 하는 것과는 다르다. 사회적 가면쓰기는 신경다양인들이 뇌
의 작동방식과 삶에 대한 접근 방식, 그리고 삶의 경험들을 평가절
하하는 신경전형적 사회에서 살아남기 위한 방법이다. 신경다양인
은 다른 사람이 말하는 것을 흉내 내는 법을 배우고 특정 상황에 필
요한 특정 '대본'이 있다는 것을 알게 된다. 다시 한번, 완전히 다른
종족이 사는 다른 행성에 떨어졌다고 상상해 보라. 당신은 생존하기

위해 맞추려는 행동을 어떻게 하려고 할까? 아마 주변을 관찰하고, 그들을 따라 하며, 그들의 언어와 행동 방식을 배우려고 할 것이다. 이것이 바로 가면쓰기이다. 문제는 자신이 진정한 모습으로 존재한 다는 느낌을 절대 느끼지 못하며, 너무 지치게 되고 정신 건강에도 악영향을 미친다는 점이다. 한 연구에 따르면 사회적 상황에 적응하 기 위해 자폐증을 가면쓰기하거나 '위장'하면서, 동시에 필요한 지 원을 받지 못할 경우, 자살 위험이 증가한다고 한다(Cassidy, Bradley, Shaw, & Baron-Cohen, 2018). 신경다양인들은 이러한 과정에서 최소 한 불안, 우울, 스트레스 그리고 극심한 피로를 겪을 수 있다.

나는 종종 파트너들이 '내 파트너는 자폐처럼 보이지 않는다'거 나 '그 정도로 나쁘진 않다'고 불평하는 말을 듣게 되고, 파트너 자 신의 피로감 때문에 신경다양성이 초래하는 어려움에 대한 공감이 부족한 경우를 보게 된다. "저희가 처음 만났을 때 저의 파트너는 _____를 할 수 있었어요."라는 말을 정말 자주 듣는다. 또는 연애 초기에는 파트너가 많은 노력을 기울였지만, 시간이 지나면서 애정 표현이 급격히 줄어들었다고 말하기도 한다. 이는 일반적으로 가면쓰기의 효과로 볼 수 있으며, 사실 우리 모두가 어느 정도 하는 행동이다. 어떤 관계도 처음처럼 반짝이고 새롭지 않으며, 몇 년이 지난 후에도 연애 중일 때와 같은 행동을 하지는 않는다. 그러나 신 경다양인은 연애 초반에는 많은 노력을 기울였다가, 편안해지게 되 면 일상의 생존(예: 직장 생활을 버텨 내는 것, 사회적 불안 관리, 감각 문 제 조절 등)에 더 많은 에너지를 쏟게 되는 경향이 있다. 이로 인해 신 경전형인 파트너는 속았다는 기분이 들 수 있으며, 파트너가 애정이 나 관심을 의도적으로 주지 않는다고 비난하기도 한다. 때때로 이렇 게 속았다고 생각하는 것은 내면에서 곪아서, 커플의 일상적인 상호작용 속에서 서서히 확산되어 끓어오르는 분노로 표출될 수 있다.

반대로, 신경다양인 파트너는 자신이 결코 충분히 충족시킬 수 없을 것 같은 요구들에 압도당하는 느낌을 받으며, 이 느낌은 그들을 투쟁^{fight}, 도피^{flight}, 공포^{fright} 모드(감각 민감성이 있는 경우, 이러한 상태는 쉽게 촉발된다)로 몰아넣게 되며, 결국 파트너에게 제대로 반응해 주기가 더욱 어려워진다. 그 결과, 비난과 방어 사이에서 오락가락하게 되는 경우가 많다. 신경전형인은 속으로 "왜 나를 신경 써 주지 않는 거지?"라고 말하고, 신경다양인은 "내가 또 뭘 잘못한 거지?"와 같은 혼잣말(때로는 말로 표현하지만, 대부분 속으로만)을 한다.

사실은 우리 모두가 새로운 관계를 맺을 때 '사회적 가면쓰기'를 한다. 하지만 시간이 지나면서 우리는 그 가면을 내려놓고, 원래 우리 자신의 모습으로 돌아가게 된다. 이는 신경다양인 파트너가 가면을 벗고 자신의 본모습을 드러낼 수 있다고 믿을 때가 오히려 신경전형인 파트너에 대해 편안함을 느낀다는 의미이다. 하지만 신경전형인 파트너는 종종 연애 초기에 있었던 애정 표현이나 사랑을 확인하는 말들을 갈망하며, 관계에서 편안함이 커질수록 이러한 행동이 줄어들게 되면서, 마치 속은 것 같은 기분을 느낄 수 있다.

07

시간-공간 연속체:
실행 기능의 문제

실행 기능이 강한 파트너는 '모든 일을 대신해 주는' 역할을
맡게 되는 것을 꺼리면서도 제때 처리해야 할 일들이
눈앞에 보이는 현실 앞에서 갈등을 겪는다.
그렇다면 이런 상황에서 커플은 어떻게 효과적으로
역할의 균형을 맞출 수 있을까?

신경다양인: 저는 불안이 심해질 때마다 실행 기능이 마비되고 그로 인해 삶을 망치는 행동들 속에 갇혀 있다는 느낌과 함께 통제력을 잃고 공황 상태에 빠지게 되요. 예를 들면, 소파에 멍하니 앉아 있는 것 같은 거죠. 때로는 약물의 효과가 줄어드는 듯하고 오래된 습관을 극복하는 게 점점 더 힘들게 느껴지는데, 그럴 때면 스스로에 대해 아무런 희망도 보이지 않는 기분이에요.

신경전형인: 저희 집에서는 외출하는 것 자체가 큰 도전이에요. 저는 약속들, 집안일, 심지어 위생 관리까지 반복해서 파트너에게 상기시켜 줘야 돼요. 그리고 파트너가 결정하는 걸 어려워하는 모습을 보는 게 저를 미치게 만들 때도 있어요. "저녁에는 뭘 먹을까?" 같은 단순한 질문조차 파트너를 완전히 멈추게 하거나 심할 경우에는 격한 반응으로 이어지기도 해요.

어떤 사람들에게는 신경다양인과의 소통이 마치 서로 다른 시간대, 다른 차원에 있는 사람과 대화하는 것처럼 느껴지기도 한다. 이는 신경다양인이 계속 "멍하니 있다."는 불평부터 집안일, 아이 돌보기, 약속 챙기기 같은 일상적인 과업에 이르기까지 다양하게 나타난다. 이러한 상황은 대개 '실행 기능executive functioning'의 어려움과 관련되어 있다. 실행 기능이란 일을 수행하는 능력을 의미하며 여기에는 조직화, 계획 세우기, 일정 관리, 우선순위 설정 등과 같은 영역이 포함된다. 실행 기능에는 지시를 듣고 정보를 기억 속에 저장하는 과정도 포함된다. 많은 신경다양인이 이러한 실행 기능의 한계를 경험한다. 이 장에서는 주의력 문제와 실행 기능의 어려움을 중심으로 시간 감각 상실, 계획하기, 일정 관리, 정리 능력, 기억력 문제 등을 다루고 이러한 요소들이 전반적인 학습 과정에 어떤 영향을 미치는지 살펴볼 것이다. 또한 실행 기능 시스템이 제대로 작동하지 않을 때 신경다양인이 충동적으로 반응하는 경우가 있으며, 이로 인해 주변 사람들은 마치 거실에 외계인이 있는 듯한 느낌을 받기도 한다.

> ★ ★
>
> 실행 기능은 뇌의 '수행'에 관련된 부분이며 이는 신경다양인에게 어려운 영역이다. 이는 행동이 마비된 듯한 느낌, 좌절감, 분노, 심지어는 멘탈붕괴meltdowns로 이어지기도 한다. 실행 기능에 어려움이 있는 사람들에게는 미루는 습관이 일상이 되며, 신경전형인 파트너는 신경다양인 파트너가 갑작스러운 불안이나 공황에 휩싸일 때 충동적으로 '무작위로' 엉뚱한 일을 선택하는 모습을 보게 된다.
>
> ★ ★

집중하기: 정신차려요……

신경다양인: 저는 반복되는 대화처럼 느껴지면 실제로는 세부 내용이 새롭다 하더라도 멍하게 있는 경우가 많아요. 예를 들어, 집안일을 해야 한다는 리마인드나 파트너가 말한 디테일한 부분을 기억하는 것 등이 해당되요. 이런 내 반응은 아내를 매우 좌절하게 만들죠.

신경전형인: 그는 늘 안절부절 못하며 몸을 꼼지락거리고 제가 말을 시작해도 제대로 듣지 않아요. 제가 세 문장 정도 말하고 나면 그제야 저를 돌아보며 방금 말한 걸 전부 다시 말해 달라고 하죠. 저는

정말 지쳐요.

많은 신경다양인에게 일상적 대화에 집중하는 것은 결코 쉬운 일이 아니다. 대화 도중 멍해지거나 집중하지 못하는 경우가 잦고, 이는 파트너로 하여금 무시당하거나 존중을 받지 못한다고 느끼게 만든다. 이로 인해 신경다양인이 생각 없이 동의한 뒤 나중에 "나는 거기에 동의한 적 없어!"라고 말을 번복하는 일도 흔히 발생한다. 주의력 집중 문제에는 다양한 원인이 있을 수 있다. ADHD인 경우에는 주의력 결핍이 진단의 일부이므로 명확하다. 하지만 자폐 스펙트럼에 속한 사람들은 청각 정보 처리에 어려움이 있어 말의 의미를 정확히 해석하지 못하는 경우도 많다(Ocak et al., 2018). 또한 주의 집중력은 사회적 불안, 외상 후 스트레스 장애[PTSD], 우울증 등과도 관련이 있을 수 있다. 이러한 특성을 잘 모르는 파트너는 대화 시도에 반복적으로 좌절감을 느끼게 되며 일상적인 소통을 위해서는 새로운 방식의 적응이 필요하다. 일부 파트너는 대화를 시작하기 전 상대의 이름을 먼저 부르거나 상대가 듣고 있는지 확인하는 방식처럼 나름의 '요령'을 통해 소통의 어려움을 완화하려고 한다.

⭐⭐

신경다양인 파트너가 청각 처리에 어려움을 겪고 대화 중에 주의 집중이나 내용을 기억하는 데 한계를 보이는 건 드문 일이 아니다. 이러한 문제는 신경전형인 파트너에게 좌절감을 줄 수 있고, 특히 신경전형인 파트너가 그 원인을 파트너가 자신을 신경 쓰지 않았기 때문이라고 받아들이는 경우 더욱 그렇다.

⭐⭐

시간 감각 상실

신경다양인: 한 시간이 몇 분처럼 느껴지기도 하고 반대로 몇 분이 한 시간처럼 길게 느껴질 때도 있어요. 그러다 보니 자꾸 늦게 되고 정해진 일정을 지키기가 어려워요. 스스로 당황스럽고 난감하죠.

신경전형인: 그는 시간관리에 어려움을 겪어요. 출발할 시간이 다 되었는데도 여전히 열쇠를 찾거나 게임을 끝내는 중일 때가 많아요. 그럴 때마다 저도 모르게 그에게 버럭 소리를 지르고 싶은 충동을 느끼죠.

신경전형인은 일반적으로 시간의 흐름을 감지하고 어떤 일이 얼마나 걸릴지 혹은 얼마나 시간이 지났는지 등을 예측할 수 있다. 반면 실행 기능에 어려움을 겪는 사람들은 일이 얼마나 걸릴지 또는 실제로 시간을 가늠하는 데 어려움을 겪는다. 그 결과 학업이나 업무 수행에 지장이 생기고 반복되는 지각이나 미루기, 약속 잊기 등으로 인해 파트너는 지속적인 답답함과 좌절을 경험하게 된다. 이러한 특징들은 실행 기능의 범주에 해당하며 그 세부 원인은 다음과 같다.

- 해야 할 일을 기록해 두기보다는 부정확한 단기 기억에 의존하는 경향이 있다.
- 약속이나 일정에 걸리는 시간을 예측하기 어려워 지나치게 많은 일을 한꺼번에 맡게 되는 경우가 많다.
- 이동 시간을 계산하는 데 어려움을 겪는다.

- 하나의 활동에서 다른 활동으로 전환하는 과정(예: 한 모임에서 다른 모임으로 이동하거나 가족 내 활동 전환 등)에 혼란을 느끼기도 한다.
- 일정 관리를 도와주는 손목시계, 캘린더가 있는 핸드폰, 플래너 등을 자주 잃어버린다(Harris, n.d.).

신경다양인 파트너가 시간에 의해 구조화된 신경전형적 세상 속에서 어려움을 겪으면서 그는 살아가기 위한 나름의 대처 전략을 만들게 된다. 이 중 일부는 시간에 지나치게 집착하게 되어 분 단위, 심지어 초 단위까지 철저하게 계산하며 움직이기도 하고, 반대로 어떤 이들은 시간 개념에 거의 무관심해져서 시계에 맞춰 살아야 할 필요성을 느끼지 못하기도 한다. 이러한 두 가지 극단적인 대처 방식 모두 파트너에게는 피로감을 준다. 한쪽은 신경다양인 파트너가 지나치게 엄격하게 정해 놓은 시간 기준에 맞춰 움직여야 하고, 다른 한쪽은 파트너가 일상적인 시간 규칙을 지킬 수 있도록 계속해서 통제하고 애써야 하기 때문이다.

삶에서 펼쳐지는 이야기들은 시간의 흐름에 따라 구성된다. 대개는 시작이 있고 중간이 있으며 끝으로 마무리된다. 하지만 신경다양인 파트너는 시간 인식의 어려움으로 인해 이야기를 구조화하는 데 어려움을 겪는다. 하루 동안 무슨 일이 있었는지 물으면 그 내용을 정리해서 말로 표현하는 데 어려움을 느끼거나 아예 말로 옮기지 못하기도 한다. 신경전형인 파트너는 종종 '누가, 무엇을, 어디서, 언제, 왜, 어떻게'와 같은 질문을 던지며 상황을 파악하려고 하지만, 신경다양인 파트너는 이를 시간적 맥락 속에서 정리해서 말로 풀어내는 데 어려움을 겪는다. 이러한 상호작용의 특성을 이해하지 못하면 신경전형인 파트너는 상대가 일부러 말을 아끼거나 감추고 있다고 오해할 수 있다. 그러나 실제로는 신경다양인 파트너에게는 말로 풀어내는 일이 결코 쉬운 일이 아니라는 것이다.

★★

'시간 감각 상실'은 신경다양인 파트너에게 자주 나타나는 실행 기능의 문제로 신경전형인 파트너에게 지속적인 불만을 일으킨다. 결국 신경전형인 파트너가 '시간을 지키는' 역할을 맡게 되고 일이 제때 진행되도록 챙기거나 필요한 물건을 찾아야 하는 책임을 맡게 된다. 이 과정에서 신경전형인은 파트너의 반복적으로 미루는 행동과 그로 인해 불가피하게 찾아오는 불안을 경험하게 된다.

★★

계획 수립, 일정 관리 및 조직화

신경다양인: 저에게는 계획을 세우는 것이 가장 큰 문제 중 하나예요. 한때는 직장에서 승진도 했지만 해야 할 업무들을 체계적으로 조직화하지 못해서 결국 스스로 그만둬야만 했어요. 계획 세우기 자체도 힘들고 과업을 세부 단계로 나누는 데에도 어려움을 겪죠. 또한 물건을 사용하지 않을 때 어디에 보관해야 할지에 대한 감각이 전혀 없어서 결국 물건들이 여기저기 널브러져 있곤 합니다. 이런 상황이 반복되다 보니 항상 주변 사람들을 실망시키는 것 같은 자책감에서 벗어나기 어려워요.

신경전형인: 저는 매우 체계적인 사람이고 파트너를 대신해 필요한 일들을 '해 줄 수도' 있다는 것을 알고 있어요. 하지만 정작 어떻게 도

와야 할지 막막할 때가 있어요. 자주 리마인드를 해 주고 있지만 저희 둘 다 제가 그를 옆에서 감시하는 걸 원하지 않아요. 저는 그의 엄마가 아니니까요. 그의 어려움에 대해 공감은 하지만 솔직히 완전히 이해하기는 어려워요. 저는 가능한 경우에는 직접적인 도움을 주려고 하죠. 제 스스로 많은 정리와 조직화하는 업무를 맡고 있지만 모든 걸 제가 감당할 수도 없고 하고 싶지도 않아요. 그가 스스로를 부정적으로 평가하는 말을 할 때는 가능한 한 그것을 멈추도록 돕고 있어요.

신경다양인들이 자주 겪는 또 다른 어려움은 계획 수립, 일정 관리, 조직화와 정리 정돈과 같은 실행 기능의 문제이다. 앞의 커플의 경우처럼 이들은 어떻게 한 팀으로 협력해야 하는지에 대한 확신이 없다. 신경다양인 파트너는 어느 정도 지원이 필요한 반면, 신경전형인 파트너는 엄마 역할을 원치 않으며, 두 사람 모두 독립성과 자기 효능감을 느껴야 한다. 게다가 신경전형인 파트너는 어떻게 도와야 할지 확신이 없는데, 이는 신경다양성 커플들이 흔히 마주하는 딜레마이다. 실행 기능이 강한 파트너는 '모든 일을 대신해 주는' 역할을 맡게 되는 것을 꺼리면서도 제때 처리해야 할 일들이 눈앞에 보이는 현실 앞에서 갈등을 겪는다. 그렇다면 이런 상황에서 커플은 어떻게 효과적으로 역할의 균형을 맞출 수 있을까?

이러한 상황은 신경전형인 파트너가 가족 내 집안일과 책임을 과도하게 떠맡는 결과로 이어질 수 있으며 결국 감정 노동과 신체적 부담이 누적되어 탈진할 수 있다. 한편, 신경다양인 파트너는 우선순위를 정하지 못한 채 그 순간과 맞지 않는 일을 '무작위로' 충동적으로 '리스트'에서 선택하거나 해야 할 일을 미루는 경우가 잦아진다. 이로 인해 신경다양인 파트너는 지속적으로 잔소리를 듣거나 비난을 받고 과도하게 통제당한다고 느끼며 점점 위축된다. 특히 일을 제때 처리해야 하는 상황에서 신경전형인 파트너가 실행 기능 면에서 우위에 있을 경우, 신경다양인 파트너는 자신이 '부족하거나' 실패자처럼 느낄 수 있다. 이로 인해 신경다양인 파트너가 때로는 단지 상대방이 원하는 말을 해 주기 위해 그럴듯한 대답만 하고 실제로는 일이 완료되지 않거나 약속을 지키지 못하는 일이 반복되면서 더 큰 갈등이 생긴다. 이러한 대처 방식은 장기적으로 관계에 도움이 되지 않으며 오히려 더 많은 마찰을 유발하게 된다.

계획 수립, 일정 관리, 조직화와 정리정돈 같은 실행 기능의 과제를 어떻게 균형 있게 나눌 것인가는 신경다양성 커플에게 중요한 발달 과제이다. 어느 한쪽에 부담이 과도하게 쏠리지 않도록 협력적인 팀 접근 방식이 필요하다. 그러나 현실적으로는 신경전형인 파트너가 실행 기능과 관련된 대부분의 역할을 맡는 경우가 많다. 신경다양인 파트너는 일정 관리 능력을 기르거나 캘린더, 알림 등의 도구를 활용함으로써 이러한 부담을 줄일 수 있다. 한편 신경전형인 파트너는 자신의 한계를 명확하게 전달하고, 실행 기능의 차이를 보다 공정하게 조율해 나가기 위한 두 사람의 노력이 함께 이루어져야 한다.

기억력과 전반적인 학습 문제

신경다양인: 저는 자폐 스펙트럼 장애와 ADHD 진단을 받았고 전반적으로
기억력이 형편없어요. 특정한 키워드나 문장이 언급되기 전까지
는 거의 아무것도 기억하지 못해요. 그러다 그 키워드가 나오
면 마치 짧은 영화를 보는 것처럼 기억이 한꺼번에 되살아나요.
그제야 기억이 나요. 하지만 그전까지는 거의 떠오르지 않아요.
제 뇌는 쓸모없는 사실들로 가득 찬 영구적인 저장소 같이 느껴
져요.

신경전형인: 음, 저는 이런 특성을 지닌 파트너와 함께 살아가는 법을 배우
려고 노력 중이에요. 그녀는 종종 방에 왜 들어왔는지 기억하지
못하죠. 제가 쇼핑 리스트를 적어 주지 않으면, 사야 할 물건이
세 가지 밖에 안 될 때에도 그녀는 한 가지만 들고 돌아오곤 해
요. 하지만 정말 답답한 건 어떤 분야에서는 그녀의 기억력이 저
보다 훨씬 뛰어나 보인다는 점이에요!

신경다양인은 실행 기능의 어려움으로 인해 흥미를 느끼지 않는
과업이 특히 힘들게 느껴질 수 있다. 주변 환경의 과도한 자극은 집
중력을 흐트러뜨리고 동시에 실패에 대한 내면의 부정적인 생각들
이 끊임없이 떠오르면서 시작 자체를 방해하기도 한다. 그들은 시작
할 엄두조차 못 낼 때도 있다. 결과적으로 동기 저하와 과제 시작의
지연이 반복되는데, 이는 겉보기에는 미루기처럼 보인다. 그러다 코
앞에 닥친 마감일이나 화가 난 파트너[이를 '천연 리탈린(역주: ADHD 치
료약물)'이라고 부르는 걸 들은 적이 있는데 정말 절묘하게 맞는 표현이다!]

가 있어야 행동을 할 수 있다.

연구에 의하면 신경다양인들은 작업 기억의 기능에 어려움을 겪는다는 근거가 있다. 작업 기억은 뇌가 정보를 저장하고 이를 활용하여 다른 정보와 연결하는 능력을 의미한다(Rabiee et al., 2020). 일부 신경다양인들은 현재 자신이 하고 있는 일의 모든 단계를 기억하지 못하거나 정보의 순서를 혼동하는 경향을 보이기도 한다. 이러한 정보는 장기 기억으로 전환되어야 하지만 이 과정이 제대로 되지 않거나 때로는 무질서하게 저장되기도 한다. 신경전형인 내담자들로부터 내가 자주 듣는 말은 왜 계속해서 같은 이야기를 반복해야 하느냐는 것이다. 그들은 왜 신경다양인 파트너가 어떤 것은 잘 기억하면서도 다른 정보(예: 생일이나 기념일 등)는 기억하지 못하는지 이해하지 못한다. 불안, 우울, 트라우마 등이 있는 경우 이러한 상태를 더욱 악화시킬 수 있다. 게다가 감각 민감성으로 인해 신경다양인은 대화에 집중하려 해도 머릿속에 가득 찬 일종의 '잡음'으로 인해 방해를 받을 수 있다.

이러한 모든 문제는 신경다양인 파트너에게 지속적인 압박과 함께 자신이 실패자라는 부정적인 사고를 반복하게 만든다. 한편, 신경전형인 파트너는 점점 더 많은 일들을 책임지게 되고 그로 인해 억울함과 분노의 감정이 쌓이게 되면서 이는 다시 신경다양인 파트너에게 실패했다는 감정을 불러일으킨다. 신경다양인 파트너의 이러한 실패감은 겉으로는 분노나 회피처럼 보일 수 있지만 그 속에는 또다시 파트너를 실망시켰다는 깊은 두려움이 자리하고 있는 경우가 많다. 이러한 상태에 빠지면 대부분의 사람은 과제를 제대로 수행하기 어렵고 그로 인해 악순환이 시작된다. 실패감이 너무 클 경우 이를 방어하려는 반응으로 파트너를 탓하거나 현실로부터 도피

하는 경향이 나타나기도 한다. 이러한 회피는 신경다양인이 몰두하
는 특별한 관심사에 빠지는 형태로 나타날 수 있고, 경우에 따라서
는 물질 남용이나 부정적인 대처 행동으로 이어질 수 있다.

⭐⭐

**기억력의 문제는 신경다양성 커플 모두에게 큰 좌절감을 유발한다.
특히 신경전형인 파트너는 자신의 욕구나 감정과 같은 내면의 이야기
를 했을 때 신경다양인 파트너가 그것을 기억하지 못할 경우 깊은 상
실감을 느낀다. 이로 인해 신경다양인 파트너는 또다시 자신이 실패했
다는 자책에 빠지고 신경전형인 파트너가 실망과 분노를 표현하게 되
면 그 감정은 신경다양인 파트너에게 더욱 강한 부정적 감정을 불러일
으킨다.**

⭐⭐

충동성

신경다양인: ADHD는 자극을 조절하는 방식을 다르게 만들어요. 그래서 우
리의 감정은 어느 순간엔 매우 강렬하다가도 다음 순간 금방
사라지기도 하죠. 자신의 감정과 행동을 조절하기가 어려워요.

신경전형인: 저의 파트너는 불공정하거나 부당하다고 느끼면 그걸 참지 못
하고 반드시 큰 소리로 지적하려고 해요. 그녀도 그렇게 말하는
것이 실제 상황에 도움이 되지 않는다는 걸 알지만, 그렇게 하
면 순간적으로 기분이 나아진다고 해요. 무례하게 보일 수 있다
는 점도 개의치 않는데 그녀 입장에선 자신이 옳다고 생각하기
때문이죠. 그럴 때면 저는 민망하고 당황스러워요.

충동 조절의 어려움은 자폐 스펙트럼에 속한 사람들과 ADHD를 가진 사람 모두에게 문제가 될 수 있다. 여기에서 소개된 두 가지 사례에는 충동성이 발생하는 원인이 다르게 나타난다. 첫 번째는 감정 조절의 어려움으로 인해 강한 감정이 갑작스럽게 폭발하는 경우이다. 두 번째는 도덕적 분노에 의해 행동이 유발되는 경우인데 신경다양인들은 도덕성과 정의에 대해 뚜렷한 기준을 지니는 경우가 많다(이는 매우 긍정적인 특성이다!). 그러나 세상이 자신의 신념에 따라 움직이지 않을 때 큰 좌절감을 경험하게 되고 그로 인해 도덕적 이슈에 과도하게 몰입하거나 논쟁에서 자신이 옳다고 고집하면서 타인의 생각이나 감정을 고려하지 못할 수 있다.

충동성은 실행 기능의 손상 때문일 수도 있다. 만약 어떤 사람이 '뜬금없이' 무언가를 하는 것처럼 보인다면 그것은 단순한 즉흥적 행동이 아니라 오래전부터 언젠가는 해야겠다고 마음속 리스트에 담아 두었던 일일 수 있다. 그러나 조직화나 우선순위 설정에 어려움이 있는 경우 이 리스트에서 무작위로 어떤 항목이 갑자기 '끌려 나와' 실행되는 것이다. 이러한 실행 기능의 손상은 충동성을 유발하거나 '의식의 흐름'을 따르면서 말하는 독백 형태로도 드러날 수 있다. 또는 대화 중 상대방의 말을 끊는 행동으로 나타날 수 있는데 이는 자신의 생각이 사라지기 전에 말하려는 시도일 수도 있고 혹은 상대가 아직 말을 끝내지 않았다는 사회적 단서를 인식하지 못하는 경우일 수도 있다.

충동적이거나 예측 불가능한 행동은 관계에 긴장을 초래할 수 있다. 신경다양인에게 충동성은 과도한 감각 자극, 감정 조절의 어려움 혹은 실행 기능의 문제 등으로 인해 발생한다. 이런 위기 상황에서 신경전형인 파트너는 비난의 대상이 되거나 끝이 보이지 않는 논쟁에 휘말리게 되는 자신을 발견하기도 한다.

08

낯선 세상에서
살아가기
—불안, 우울과
정서적 후유증

만약 당신이 어느 날 갑자기 낯선 행성에 떨어져

그곳에서 어떤 행동을 해야 하는지,

어떻게 의사소통해야 하는지 모르는 상황에 놓인다면

어떤 기분이 들까?

신경다양인: 저는 거절당할지도 모른다는 느낌이 들면 미쳐 버릴 것 같고 극심한 불안과 우울에 빠지면서 부정적인 생각이 반복되는 경향이 있어요. 관계가 끝날지도 모른다는 불안에 사로잡히게 되죠. 당연히 제 파트너는 이런 저의 불안정한 감정 상태에 지쳐가고 그럴수록 저는 더욱 더 그가 떠날지도 모른다는 두려움에 사로잡히게 되요.

신경전형인: 저는 정말 이해가 안 돼요. 그는 저와 가까워지려는 의지가 없어 보여요! 저를 위해 전혀 노력하지도 않고 저에게 중요한 것들을 항상 잊어버려요.

만약 당신이 어느 날 갑자기 낯선 행성에 떨어져 그곳에서 어떤 행동을 해야 하는지, 어떻게 의사소통해야 하는지 모르는 상황에 놓인다면 어떤 기분이 들까? 신경다양인들에게 가장 흔하게 나타나는 증상 중 하나는 불안과 우울이며, 이 두 가지는 흔히 함께 '동반 질환'으로 나타난다. 자폐 스펙트럼에 속하는 사람들의 불안과 우울 증상은 여러 연구에서 지속적으로 보고되어 왔으며 전체의 약 절반이 기분장애를 겪는 것으로 나타났다(Hofvander et al., 2009; Lungnegård et al., 2011; Gaman et al., 2017). ADHD를 가진 사람들 역시 이와 같은 양상을 보인다(CHADD, 2019). 더불어 우울과 불안은 사고력, 집중력, 기억력에도 영향을 미치며(Christopher & McDonald, 2005) 이것은 실행 기능의 어려움과도 연결된다.

전반적인 불안

신경다양성과 가장 밀접하게 연결되는 정서적 어려움 중 하나는 바로 불안이다. 최근 연구들은 이 둘 사이의 연관성을 점차 밝혀내고 있다. 예를 들어, 자폐 진단을 받은 성인을 대상으로 한 탐색적 연구에서 아동기 감각 처리의 어려움이 성인기까지 지속되며 감정 조절의 어려움과 불안 장애 진단으로 이어진다는 결과가 나타났다(McMahon et al., 2019). 이처럼 일상에서 발생하는 불안으로 인한 마비 상태는 커플 사이에 빈번한 갈등을 일으킨다. 신경전형인 파트너는 오랫동안 자신이 원하는 것을 반복해서 표현해 왔지만 그것이 무시당하는 것처럼 느낄 수 있다. 이것은 개인적인 문제로 받아들여지기 쉽지만, 신경다양인이 삶의 과정에서 어떤 행동을 취하기 위해 얼마나 높은 불안을 넘어야 하는지에 대한 이해가 간과되었다. 감각 자극에 과민하게 반응하는 자폐 아동이 불안 증상을 함께 보인다는 연구 결과도 있으며(Schauder & Bennetto, 2016), 이러한 반응 패턴은 성인이 되어서도 고착화되는 경우가 많다. 이는 많은 신경다양인의 성장 과정을 보았을 때 어린 시절부터 다른 사람들과 다르다는 이유로 자주 받아온 부정적 메시지와도 연결된다. 신경다양인 아동들은 가족이나 교사로부터 '까다롭다' '문제가 많다' '고집이 세다' '버릇없다' '예민하다' 등과 같은 부정적인 표현을 듣는 경우가 많다. 이러한 메시지는 성인이 되어서도 깊이 내면화되어 일상적인 일을 하는 것조차 마치 거대한 산을 오르는 것처럼 힘겨운 일로 느껴지게 만든다.

사회 불안

신경다양인: 저는 제 삶의 사소한 부분들까지 불안과 불확실성에 시달리고 있어요. 하루 24시간 내내 사기꾼이 된 기분이죠. 글로는 잘 표현할 수 있지만 모르는 사람과 대화를 해야 할 때는 불안이 심해지고 말이 제대로 나오지 않아요. 저는 이메일이 훨씬 편해요! 말로는 제 생각을 잘 설명하지 못하는 것 같고 심지어 제 파트너조차도 제가 말하는 걸 이해하기 힘들어해요. 이메일도 스트레스를 주긴 하지만 전화나 직접적인 대화는 훨씬 더 힘들어요. 어린 시절 괴롭힘을 많이 당한 경험 때문에 저는 사회적 과각성 상태에 있어요. 강한 감정이 엄습하면 현재에 집중하기 어려워지고, 건강하지 못한 습관으로 쉽게 빠져들게 되죠.

신경전형인: 제 남자친구는 자폐 스펙트럼에 속하며 사회적 불안이 매우 심한 편이에요. 심지어 익숙한 사람들과 함께 있을 때조차 불안을 느끼죠. 그는 모임에서 몇 시간씩 휴대폰을 보며 자리를 피하거나 아예 모임에 참석하지 않으려고 해요. 이런 모습은 매우 어색한 상황을 만드는데, 저는 주변 사람들에게 어떻게 설명해야 할지 늘 고민스러워요. 이제는 저의 가족들에게 예의 없게 보일까 봐 걱정되고, 남자친구가 방에 혼자 오래 있다는 말을 해야 할 때마다 마치 저희 관계에 문제가 있는 것처럼 보일까 봐 민망하기도 해요. 하지만 사실 저희 사이에는 아무런 문제가 없어요.

신경다양성이 사회적 상호작용에 영향을 미치는 경우가 많기 때문에 대인관계나 사회적 상황에서 불안을 느끼는 일은 흔하다. 이러한 불안은 신경전형인의 사회불안장애와는 다르게 감각 자극에 대한 과민함 혹은 둔감함에서 비롯되는 경우가 많다. 자폐 스펙트럼에 있는 사람들은 사회적 불안을 흔히 겪는다고 알려져 있으며(White et al., 2012), ADHD를 가진 사람들 중 약 30%가 사회적 불안 증상을 경험한다(Kessler et al., 2006). 만약 두 사람이 모두 내향적인 성향이라면 큰 갈등으로 이어지지 않겠지만, 한 사람이 더 많은 사회적 교류를 원할 경우에는 상대를 부족함이 있거나 결함이 있는 것으로 간주하는 일이 생길 수 있다. 하지만 어떤 커플들은 이런 차이를 인정하고 존중하면서 서로에게 맞는 방식으로 조율해 나간다. 예를 들어, 모임에 갈 때 차를 따로 타고 가서 신경다양인 파트너가 사회적 접촉이나 감각 자극(예: 시끄러운 대화, 음악 등)에 과부하를 느끼면 먼저 떠날 수 있도록 배려하기도 한다.

업무 마비

신경다양인: 어제는 결국 울고 말았어요. 마트에 가려고 했던 시간에서 이미 한 시간이나 지나 버렸다는 걸 깨달았어요. 저는 그냥 아무 생각 없이 바로 움직여서 해야 할 일들을 할 수 있는 사람들이 정말 부러워요. 뭔가 간단한 일을 하려고 할 때마다 산만해지고 결국 여러 가지 일을 한꺼번에 하려다 아무것도 제대로 못 하게 되죠. 이런 일이 반복될 때마다 저 자신을 자책하게 되고 점점 더 무기력해지는 기분이 들어요.

신경전형인: 제가 남편에게 청소기를 돌려 달라고 부탁하자 남편은 "알겠

어, 금방 할게."라고 말했어요. 그런데 남편은 결국 약속한 시간 내에 청소기를 돌리지 못했다는 이유로 자책하면서 자신이 좋은 남편이 되지 못했다며 무너져 버렸어요. 그가 그렇게 스스로를 몰아붙이는 모습이 너무 안타깝고 작은 일조차 그에게는 너무 크게 느껴지는 게 답답하기도 해요.

매일의 일상이 불안으로 가득 차 있을 때 어떤 날은 비교적 나은 하루가 되기도 하는데, 이는 개인이 얼마나 자기 돌봄을 실천하고 있는지에 달려 있다. 신경다양인들은 특정 분야에서 매우 뛰어난 재능을 보일 수 있지만, 실행 기능의 어려움으로 인해 일상적인 일을 해내는 데 어려움을 겪기도 한다. 이로 인해 능력과 실제 성과가 일치하지 않아, 파트너는 상대가 어떤 분야에서는 굉장히 유능하면서도 전화 걸기, 빨래하기, 식기세척기 비우기 같은 사소한 일에는 왜 그렇게 어려움을 겪는지 이해하기 힘들 수 있다. 이런 불균형한 수행 능력은 파트너를 당황스럽게 만들며, 더 나아가 자신이 집안일을 더 많이 하고 있다는 생각에 화가 나기도 한다. 신경다양인은 자신의 능력과 에너지를 현실적으로 판단하지 못하는 경우가 많아 어떤 일을 하겠다고 약속은 하지만 불안에 부딪히는 순간 결국 실행하지 못하고 그로 인해 파트너는 실망하고 지치게 된다.

반복적인 행동

신경다양인: 저에게는 매일의 일정한 루틴이 있는데 그게 흐트러지면 불안하거나 화가 나요. 심할 경우 자제력을 잃거나 통제불능의 멘탈붕

괴 상태로까지 이어질 때도 있죠. 저는 아침에 출근 준비 루틴이 정확히 정해져 있어요. 보통 출근 30분 전에 일어나서 3분 동안 샤워하고 4분 동안 몸을 말리고 청결하게 한 다음 간단하게 아침을 먹어요. 이 루틴이 어긋나면 정말 답답하고 화가 나요!

신경전형인: 제 여자친구에게는 좀 독특한 습관이 있는데 그게 자폐 특성 때문이라는 건 알고 있어요. 그녀는 하루의 시작과 마무리를 꼭 같은 순서로 시작하고 마쳐야 해요. 제가 그걸 방해하면 그녀는 화를 내죠.

신경다양인이 불안을 완화하기 위해 사용하는 방법 중 하나는 반복적인 행동이나 생각이다. 이러한 반복 행동은 다양한 형태로 나타날 수 있는데, 예를 들어 손이나 발을 계속 두드리는 동작^{tapping}, 물건이나 행동의 순서를 항상 일정하게 유지하는 것, 특정 단어나 문장을 반복해서 말하는 것 등이 있다. 심지어 같은 TV 프로그램을 반복해서 보는 것도 이에 해당할 수 있다. 이러한 반복적인 행동은 신경계의 각성을 낮춰 불안을 줄이는 데 도움을 주기 때문에 신경다양인들에게서 자주 보게 된다. 하지만 이런 반복 행동이 강박적 생각을 해소하기 위한 강박 행동으로 이어질 경우 강박장애^{OCD}로 진단받을 수도 있다. 강박장애 역시 신경다양성의 한 형태이며 자폐 스펙트럼이나 ADHD와 같은 다른 신경다양성 뇌 유형과 겹치는 경우도 많다.

또한 신경다양인의 뇌는 일정한 패턴을 완성해야 한다는 강한 '욕구'를 느끼는 경향이 있다. 예를 들어, 어떤 남성이 아내에게 항상 세 번 키스를 하는 습관이 있다고 하자. 겉보기에는 미신적인 행동처럼 보일 수도 있지만 사실 그 행동의 이면에는 패턴을 끝까지 완성하려는 내적 욕구가 있다.

> 반복적인 행동은 신경다양인들에게 안정감을 준다. 하지만 이러한 의식적 행동과 루틴에 대한 욕구가 과도해지면, 때로는 강박장애^{OCD} 증상처럼 보일 수도 있다. 또한 패턴을 완성해야 한다는 강한 욕구 때문에 이런 필요를 충족시키기 위한 특정 행동을 반복하는 경우도 있다.

신경전형적 세상에서 살며 겪는 트라우마/외상 후 스트레스 장애

 신경다양인: 저는 어린 시절 저만의 특별한 관심사로 인해 심한 따돌림과 괴롭힘을 많이 당했어요. 그 영향으로 지금도 사람들과 대화하는 것이 어렵고 심지어 좋은 사람들과 이야기할 때조차 조롱당할까 봐 두려움을 느껴요. 제가 지루하거나 성가신 존재로 보여 피해를 입을까 봐 과하게 걱정하면서, 성인이 된 지금도 저의 파트너를 포함해 다른 사람에게 도움이나 설명을 요청하는 것이 너무나 힘들어요. 성장 과정에서 어떤 개념을 이해하지 못하거나 비난을 감당하기 힘들어서 또는 제 의견을 제대로 표현하지 못해서 울었던 기억이 많아요. 저는 제가 하는 말이나 행동으로 인해 다른 사람들이 저를 싫어하게 될까 봐 늘 불안해요. 어린 시절 왕따와 괴롭힘을 당한 트라우마로 인해 저는 아주 사소한 감정조차 무시하는 법을 배웠고 어디서든 항상 감정을 숨긴 채

무감각한 가면을 쓰고 지내야 했죠. 내면에서는 여전히 많은 감정을 느꼈지만 그것을 표현하거나 이야기할 수 없었어요. 참아 왔던 감정들이 실타래처럼 뒤엉켜 더 이상 감당할 수 없게 되고, 그렇게 억압된 감정들이 쌓이고 쌓여 결국 심각한 우울증과 불안장애로 이어졌어요.

신경전형인: 제 파트너는 말을 멈추지 않고 계속 설명하려고 해요. 오랜 시간 함께하다 보니 이 습관이 과거에 오해받았던 경험에서 비롯되었다는 걸 이해하게 되었어요. 그래서 그는 모든 걸 지나치게 설명하려고 하고 말실수를 할까 봐 걱정하죠. 때때로 듣다 보면 지칠 때도 있지만 파트너가 성장 과정에서 자주 자신의 말을 부정당하고 가스라이팅을 많이 당했다는 걸 알기에 이해하려고 노력하고 있어요.

신경다양인이 신경전형인 중심의 세상에서 살아가면서 감정적으로 (때로는 신체적으로도) 깊은 상처를 받는 것은 드문 일이 아니다. 이들은 학창 시절 괴롭힘을 당했거나 오해를 받았거나 부정적인 낙인이 찍히는 등 어떤 방식으로든 소외를 경험했을 가능성이 크다. 만약 이들이 적절한 자기옹호 기술을 습득하지 못한 경우, 이러한 괴롭힘이나 부당한 대우는 성인이 되어서도 계속될 수 있다. 신경다양인은 자신을 보호하기 위해 감정의 벽을 쌓는 경우가 많으며, 때로는 인간관계를 스스로 제한하거나 애써 중요성을 무시하기도 한다. 또한 신경다양인은 관계에서 도망치거나[flight] 두려움에 사로잡히거나[fright] 얼어붙는[freeze] 반응을 오가며 관계형성에 어려움을 겪는다. 이들은 늘 주변을 예민하게 살피며 위험 신호를 감지하려 하는데, 여기에는 관계의 위험도 포함된다. 매일 신경계에 부담을 주는 환경에 반복적으로 노출되는 것이 더해지면, 개인뿐만 아니라 커플이 함께 감당해야 할 어려움은 더욱 커질 수 있다.

외상 후 스트레스 장애^{PTSD}의 증상으로는 원치 않는 불쾌한 기억, 악몽, 플래시백, 트라우마를 떠올리게 하는 상황에서의 정서적 고통 그리고 신체적인 반응 등이 있다. 또한 트라우마와 관련된 생각이나 감정 또는 트라우마를 떠올리게 하는 자극을 피하려는 회피 행동도 흔히 보인다. 이 밖에도 과민성이나 공격성의 증가, 과각성, 과도하게 깜짝 놀라는 반응 등의 증상도 나타날 수 있다(American Psychiatric Association, 2013). 자폐 스펙트럼에 속한 사람들(Rumball, 2019)과 ADHD를 가진 사람들(Spencer et al., 2016)은 PTSD 발병 위험이 더 높다고 알려져 있다. 이는 신경다양인의 공포 반응과 관련된 신경 회로^{fear circuitry}가 더 민감하게 작동하기 때문인 것으로 보인다.

신경다양인이 신경전형인 중심의 세상에서 살아가는 것 자체가 트라우마가 될 수 있다. 예를 들어, 이들은 그들의 감각이 무시되거나 부정되는 일을 자주 경험한다. 신경다양인이 '너무 덥다' '너무 붐빈다' '너무 시끄럽다' 등 감각의 불편함을 표현할 때 그들의 감각이 틀렸다거나 말도 안 된다는 반응을 겪는 상황은 매우 흔한 일이다. 신경다양인의 의사소통 방식의 차이는 파트너, 친구, 가족 그리고 일반적인 사회 전반에서 부족하거나 결함이 있는 것으로 여겨진다. 지배적인 다수 중심의 사회에서는 이러한 차이를 열등한 것으로 간주하며 신경다양인의 의사소통 방식은 항상 덜 유효한 것으로 평가된다. 이러한 경향은 상담실에서도 자주 나타나는데, 신경전형인 파트너는 신경다양인 파트너의 의사소통 방식이 부족하다고 강조하면서 '누구라도' 이해할 수 있는 걸 내 파트너인 이 사람만 '이해하지' 못한다는 식으로 이야기한다.

만약 당신이 다른 행성에 떨어진다면 트라우마를 겪게 될 것이다. 신경다양인이 신경전형적 세상에서 살아갈 때 일상에서 끊임없이 요구되는 기준과 기대는 신경다양인에게 충족되지 않는 기대, 사회적인 실수 그리고 존재의 무시당함으로 이어질 수 있다. 신경다양성으로 인해 겪은 트라우마 때문에 신경다양인이 외상 후 스트레스 장애[PTSD]를 겪는 것은 드문 일이 아니다.

진단을 받을 것인가, 말 것인가

신경다양인: 저는 늘 다른 사람들과는 다르게 이질적인 외계인처럼 느껴졌고 결국 그런 저의 이상함을 있는 그대로 받아들이고 살아 왔어요. 그런데 제가 그렇게 느꼈던 이유가 실제로 저의 현실을 인식하고 받아들이는 방식 자체가 다르기 때문이었다니요? 정말 놀랐어요. 저의 독특한 점들에 대한 진단명이 생겼다는 사실이 이상하게도 저에게 자신감을 주었어요! 정말 많은 것이 이해되었고, 제 자신을 인정받는 기분이 들었어요! 이제 저는 기존 환경에 맞추려고 애쓰면서 힘들어하는 대신, 저에게 편안한 환경을 만들기 위해 노력하고 있어요. 진단은 정말 중요해요. 제가 왜 이런 경험을 하는지 그리고 그것이 특정한 신경 발달적 특성이나 장애의 일부라는 사실을 모르면, 자기 자신을 이해하기 어려울 뿐만 아니라 저의 파트너도 저를 이해하기 힘들 거예요.

신경전형인: 저의 파트너가 자폐 스펙트럼 진단을 받은 것은 어느 정도 도움

이 되었어요. 그의 행동이 일부러 저에게 상처 주려는 의도가 있어서 그랬던 게 아니라는 걸 이해하게 되었기 때문이에요. 하지만 여전히 저는 그의 행동을 다른 사람들에게 설명해야 하는 상황을 겪고 싶지 않아서 그와 함께 외출하는 것을 피하곤 해요.

미국 질병통제예방센터[CDC]는 현재 아동 44명 중 1명이 자폐 스펙트럼으로 진단받고 있으며 자폐 스펙트럼 장애는 남아가 여아보다 네 배 더 흔하다고 추정하고 있다(CDC, 2020). 이러한 신경다양성이 여아보다 남아에게 더 많이 발견되지만 현재 우리의 진단 방식은 여성의 자폐적 특성을 민감하게 반영하지 못하고 있다는 인식이 점차 확산되고 있다(Lai MC, 2017). 여성은 진단하기가 더 어렵고 종종 진단되지 않은 채 지나가는 경우도 많다. 여성들은 사회적 기대에 부응하려고 노력하면서 가면을 잘 쓰기 때문인데, 이를 위해 소모되는 에너지의 대가는 고스란히 자신에게 돌아온다.

만일 직장이나 학교에서 별다른 지원이 필요하지 않은 경우 자폐나 ADHD 등의 진단을 위해 검사를 받아야 하는지 의문이 들 수 있다. 이것은 분명히 전적으로 각 개인과 커플이 결정해야 할 개인적인 문제이다. 그러나 관계 속에서 좌절감을 주는 일부 독특한 성향이나 어려움의 '근본 원인'을 이해하는 것은 큰 도움이 될 수 있다. 많은 사람이 성인이 되어서야 진단을 받게 되면서 이를 통해 비로소 자신의 행동을 이해하게 되는 경우가 많다. 또한 파트너 역시 상대가 마치 다른 세상에서 사는 것처럼 느껴졌던 이유를 알게 되고 그러면서 안도감을 느끼곤 한다.

신경다양성에 대한 여성의 진단은 남성보다 뒤처지는 경향이 있는데 부분적으로 이는 여성들이 자신을 세상에 드러내는 방식이 복잡하기 때문이다. 예를 들어, Suckle(2020)은 자폐의 특징을 나타내지만 종종 감춰지는 행동으로 다음과 같은 것들을 지적한다.

- 장기적인 관계를 유지하는 데 어려움을 겪음(Lowry, 2017)
- 대그룹에서의 상호작용이 어렵고 몇몇 친한 친구들에게 지나치게 의존함(Kopp & Gillberg, 1992)
- 관계 안에서 힘의 역학관계에 대한 이해 부족(이로 인해 학대적인 우정을 맺을 수 있음)(Cook et al., 2018)
- 게임의 규칙을 통제하고 지배하려는 경향(Hiller et al., 2014)
- 즉흥적이고 유연한 놀이보다 게임을 '세팅'하고 구성하는 데 몰두함(Szalavitz, 2016)
- 어느 정도의 사회적 멘탈붕괴 또는 차단shutdowns 경험(Hull et al., 2017)
- 더 심각한 수준의 자폐 번아웃을 겪을 가능성이 있음(Hull et al., 2017, as cited in Suckle, 2020, p. 755)

이와 마찬가지로 ADHD를 가진 여성들 역시 과소평가되거나 진단을 받지 못하는 경우가 많으며 공통적인 증상으로 불안을 경험한다(Skogli et al., 2013).

★ ★

많은 사람이 자폐 스펙트럼, ADHD 또는 기타 신경학적 발달 장애에 대한 전문적인 진단을 받으면서 위안을 얻는다. 이는 자신의 삶 전체를 이해하는 데 도움이 되며 심리적으로도 안정감을 줄 수 있다. 특히 식상에서 필요한 지원을 받기 위해서는 진단이 유용할 수 있다. 진단을 받을 것인지는 개인의 선택이며 이것이 일상생활, 직장 그리고 인간관계에서 도움이 될지를 고려해서 결정하면 된다.

정신 건강 문제와 신경전형인 파트너

신경다양인: 제 여자 친구는 요즘 스트레스를 많이 받고 있고 최근 저에게 심하게 화를 냈어요. 어떻게 하면 그녀를 진정시킬 수 있을지 모르겠고 벌써 며칠째 저랑 말을 안 하고 있어요. 그녀를 진정시키고 다시 잘 지내고 싶은데 뭘 어떻게 해야 할지 모르겠어요.

신경전형인: 우리는 평소에는 사이가 좋지만, 싸울 때는 정말 힘들어요. 저는 외상 후 스트레스 장애[PTSD]가 있어서 싸우면 종종 해리 상태에 빠져요. 저는 아주 못되게 굴고, 솔직히 말해서 감정이 없어지죠. 그러면 그는 말을 안 하고 저도 며칠 동안 그를 그냥 무시해 버려요.

신경전형인 파트너 역시 자신만의 정신 건강 문제를 겪으며, 이는 신경다양인 파트너와 함께 사는 것과 무관할 수도 있고 또는 관련이 있을 수도 있다. 앞서 언급했듯이 실행 기능과 관련된 일을 맡으면서 발생하는 감정적 노동으로 인해 번아웃을 경험할 수 있다. 끊임없는 분노, 외로움 그리고 좌절감은 정신적으로 큰 부담이 된다. 신경전형인 파트너가 신경다양인 파트너로부터 지지와 존중을 받고 가치를 인정받는다고 느끼는 것은 중요하며 그 반대도 마찬가지이다. 신경전형인 파트너는 자신의 정신 건강을 돌보고 감정이 나아질 수 있도록 스스로 노력해야 한다. 또한 관계를 유지하고 성장시키기 위해 관계 외부에서 정서적인 지원을 받을 필요가 있다.

나의 임상 경험에 따르면 많은 신경전형인 파트너는 처음에는 신경다양인 파트너의 신뢰감, 감정을 크게 드러내지 않는 태도 그리고 감정 기복이 적은 점에 안정감을 느낀다. 그러나 시간이 지나고 관계 속에서 서로 변화하고 성장하면서, 처음에는 긍정적으로 보였던 이러한 특성들이 점차 신경전형인 파트너가 원하는 친밀감을 충족하지 못하는 한계로 다가오곤 한다. 신경전형인 파트너는 본인의 불안감이나 과거의 트라우마로 인해 자신을 떠날 가능성이 적어 보이는 상대를 무의식적으로 선택하는 경우가 많다. 그러나 시간이 지나면서 신경전형인 파트너에게는 친밀감이 부족하게 느껴지는 관계를 신경다양인 파트너가 만족해하는 모습을 보면 신경전형인 파트너는 점점 불만을 느낀다. 이로 인해 신경전형인 파트너는 신경다양인 파트너가 떠나지 않을 거란 확신 속에서 상처 주는 말을 하거나 감정적으로 함부로 대하는 악순환에 빠질 수 있다.

또 다른 반대의 경우는 자존감이 낮은 신경전형인 파트너가 자신감 있고 추진력이 있어 보이는 똑똑한 신경다양인 파트너에게 끌려서 관계를 맺는 패턴이다. 신경전형인은 자신의 욕구를 희생하며 신경다양인 파트너에게 의존하지만, 시간이 지나면서 상대의 필요 중심으로 자신의 삶이 돌아가는 것에 대해 점점 불만을 느끼게 된다. 신경전형인 파트너는 자기 자신을 찾아가는 과정 속에서 이제까지 상대에게 지나치게 맞춰 주며 관계했던 것에서 벗어나 새로운 방식으로 삶을 조율해야 하며, 이제는 파트너와의 공동 의존적 관계에서 벗어나 건강한 경계선을 새롭게 세워야 한다. 그러나 파트너가 이런

변화를 늘 긍정적으로 받아들이는 것은 아니며 이로 인해 지금까지
평온했던 관계에 갈등이 생길 수도 있다.

09

누가 이 배의 선장인가
─신경다양성
관계에서 힘겨루기

신경전형인 파트너의 '이해받고 싶은 욕구'와
신경다양인 파트너의 '진실을 밝혀야 한다는 입장'이
대비되면서 두 사람 사이에 갈등이 생길 수 있다.

　모든 관계에서 그렇듯 힘의 역학은 관계가 진행되는 과정에서 나타나며 파트너들은 이러한 차이를 조율하는 과정을 통해 해결방법을 고민해야 한다. 힘의 역학에서 흔히 발생하는 두 가지 문제는 서로 다른 원인에서 비롯된다. 첫 번째는 '신경전형적 제국주의neuro-typical Imperialism'로 이는 신경전형인의 사고 방식과 행동 방식이 '올바른' 방식이라는 생각이다. 신경전형인 파트너가 이러한 믿음을 가지면 "어떻게 이걸 이해 못해? 다른 사람들은 다 이해하는데!"와 같은 말을 하게 된다. 두 번째로 발생할 수 있는 힘의 역학 문제는 신경다양인 파트너가 흑백논리적 사고black-and-white thinking를 보이며 신경전형인 파트너의 관점을 이해하지 못하고 자신만이 '옳다'고 믿는 경우이다. 이로 인해 신경다양인 파트너는 변호사처럼 자신의 '입장'을 옹호 또는 주장하며 논쟁을 이어 가고, 신경전형인 파트너는 감정적으로 맞서거나 갈등을 끝내기 위해 양보하는 패턴을 보이게 된다. 이러한 힘의 역학 문제들은 관계에서 두 사람 모두의 좌절감을 불러오며, 이를 극복하기 위해서는 서로의 입장을 경청하고 이해하려는 태도로의 전환이 필요하다.

신경전형적 제국주의

신경다양인: 저의 파트너는 항상 저를 비난해요. 그는 "다른 사람들은 다 이해하는데, 왜 당신만 이해하지 못해?"라고 말하죠. 단순히 약

속을 깜빡하거나 그를 위해 하겠다고 한 일을 잊어버린 것뿐인데도 그는 "내 친구들은 내가 왜 당신과 계속 함께 하는지 이해하지 못해."와 같은 말을 하죠.

신경전형인: 저는 제 남자친구가 자폐 스펙트럼 장애를 갖고 있는데도 진단받지 않았을 가능성을 강하게 의심하고 있어요. 그는 스스로 마음을 닫아 버리고 대화를 중단하며, 감정적으로 멀어지고, 너무 자주 잊어버리고, 약속을 지키지 않는 경우도 많아요. 그런데도 그는 이를 인정하지 않고 제가 뭔가 문제가 있는 것 같다고 얘기하면 심하게 화를 내면서 방어적으로 반응해요. 저는 그가 좀 더 솔직해져서 그에게 어떤 어려움이 있는지 저에게 말해 주길 바라고 있어요.

대부분의 사람은 자신에게 문제가 있다고 지적받으면 방어적인 태도를 보인다. 신경전형인 파트너가 겪는 문제는 겉으로 보기에는 자신의 욕구가 충족되지 않는 것이지만, 그들은 정작 상대가 왜 쉽게 마음을 열지 못하는지는 이해하지 못한다. 반면, 신경다양인 파트너는 비난받는 느낌을 받으면 자신을 '부족한' 사람처럼 여기고 이런 상호작용이 반복되면서 점점 자존감이 낮아진다. 이 사례에서 신경전형인 파트너는 겉으로는 배려심이 있어 보이지만 실제로는 신경전형적 제국주의의 태도를 보이고 있다.

본인이 다수의 입장에 있으면 자신이 옳다고 믿기 쉽다. 내가 자주 목격하는 사례는 신경전형적 제국주의의 한 형태로 상담을 받으러 온 커플 중에, 신경전형인 파트너가 자신의 주장이 맞다는 걸 증명받고 싶어 하면서, 파트너에게 어떤 식으로든 결함이 있다고 말하며, 관계에서 발생하는 모든 문제는 결국 상대방의 책임이라고 생각하는 경우이다. 이런 상황에서 나는 종종 다음과 같은 말을 듣는다.

- 그 사람은 어떻게 저의 생일을 잊을 수 있죠?
- 그녀가 직장에 저를 데리러 오기로 했는데 완전히 잊어버리고 오지 않았어요!

　신경전형인에게는 신경다양인 파트너의 기능 수행에 대한 장애적인 부분과 함께 사는 것이 매우 실망스러울 수 있다. 그들은 마치 여러 개의 접시를 공중에서 돌리고 있는 듯한 느낌을 받으며 종종 지치고 소진되며 무기력함을 느낀다. 그러나 파트너가 부족하다는 걸 증명하는 것은 문제를 해결하는 데 아무 도움이 되지 않는다. 이것은 내가 '신경전형적 제국주의'라고 부르는 태도에 해당한다. 신경전형적 제국주의란 '대부분의 사람'이 나와 같은 관점을 갖고 있으므로 '내가 옳다'라는 믿음을 의미한다. 당신과 파트너의 뇌 작동 방식은 서로 다르지만 그렇다고 해서 어느 한쪽이 '틀렸다'라고 말할 수는 없다. 이것은 그들의 타고난 신경 구조와 뇌가 작동하는 방식이 다르다는 의미이며 분명 당신도 그 독특한 방식이 관계에 가져온 어떤 점에 끌려서 사랑에 빠졌을 것이다. 그것은 지능, 재능, 친절함, 완벽한 기억력 등일 수 있지만, 당신은 지금 아마도 파트너의 신경다양성이 가져오는 어려움과 함께 살아가는 데 따르는 부담과 부정적인 부분에 더 초점을 맞추고 있을 것이다.

　이런 이유로 신경다양인은 학대적인 관계에 빠질 위험이 있다. 그들은 신경전형인 파트너가 논리적으로 자신에게 사회적 기술이 부족하다고 주장하면 이를 받아들이고 그로 인해 신경전형인 파트너에게 더 많은 신뢰와 권한을 부여하게 된다. 만일 신경전형인 파트너가 친절하고 배려심이 있다면 관계는 원만하게 유지될 수 있지만, 신경전형인 파트너가 감정적으로 우월한 태도를 보이면서 감정 제국주의적 관점에서 접근한다면 신경다양인 파트너는 상대가 자신보다 '더 높은 위치에 있거나one-up' 우월하다고 여기는 듯한 느낌을 받을 수 있다. 게다가 성장 과정 중 학교 시스템 안에서 수년간의 교육을 받으면서 신경다양인들에게는 자신에게 무언가 '문제가 있다'라는 생각이 내면화되었을 가능성이 있다. 그 결과 신경다양인의 일부는 이러한 제국주의적 신념을 의식적이든 무의식적이든 받아들일 수 있다. 우리는 이제 막 신경다양성 뇌의 스타일을 이해하기 시작했을 뿐이며, 이를 온전히 인정하고 존중하기까지는 아직 갈 길이 멀다. 그러다 보니 신경다양인이 '부족하다'는 주류적인 믿음을 쉽게 받아들이게 된다.

반대로 신경다양인이 자신이 옳다고 강하게 주장하면 신경전형인 파트너는 그 기세에 눌리거나 위축되어 강압적으로 설득을 당할 수 있다. 일반적으로 신경다양인은 지적인 논쟁을 즐기며 논리적인 토론을 오랜 시간 동안 지속할 수 있는데 이는 이 상황이 그들에게 활력을 주기 때문이다. 하지만 이런 성향은 신경전형인 파트너에게 패배감과 무력감을 느끼게 하거나 분노와 억울함을 불러일으킬 수도 있다.

항상 옳다고 하는 태도

신경다양인: 저는 파트너(그리고 다른 사람들)와의 관계에서 지나치게 분석적이고 신중한 태도를 갖게 되었으며 다소 특이한 방식으로 대

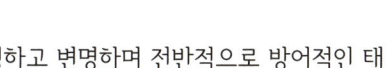

처하게 되요. 저는 설명하고 변명하며 전반적으로 방어적인 태
도를 보이면서 제 주장을 증명하려고 애쓰죠.

신경전형인: 만일 남편으로부터 "그건 옳지 않아."라는 말을 한 번만 더 들
으면 소리를 지를 것 같아요. 그는 끊임없이 제가 틀렸다고 지
적해요!

많은 신경다양인이 매우 똑똑하고 지적이며 분석적인 사고 능력
이 뛰어나다. 하지만 그들은 분석적인 성향이 강하고 논리에 집중
하며 타인의 관점을 이해하는 데 어려움을 겪기 때문에 자신이 옳다
고 강하게 주장하면서 파트너가 '틀렸다'고 강변하곤 한다. 이러한
태도는 파트너 사이에 갈등을 일으키기 쉽다. 신경다양인의 사고방
식은 논리 속에 갇힐 수 있으며 그들은 끊임없이 파트너에게 자신이
얼마나 '옳고' 상대가 얼마나 '틀렸는지' 설명하려 한다. 심지어 그들
은 마치 변호사처럼 신경전형인 파트너에게 자신의 논리를 펼치며
설득하려고 한다. 만약 신경전형인 파트너의 자아 강도ego strength가
약하다면, 점차 신경다양인 파트너의 주장이 맞고 자신은 틀렸다고
믿게 될 수 있다. 이것 또한 하나의 학대적 관계 유형으로 신경다양
인 파트너가 끊임없이 논쟁을 주도하는 반면, 신경전형인 파트너는
시간이 지나면서 단순히 갈등을 피하기 위해 점점 더 쉽게 양보하는
상황이 만들어질 수 있다. 이러한 문제의 근본적인 원인은 흑백논리
적 사고이며, 일부 신경다양인들에게는 이를 이해하고 극복하기 위
해 치료와 같은 외부적 개입이 필요할 수 있다. 나는 신경전형인 파
트너들이 끝없는 논리 싸움에서 이길 수 없다고 느껴 결국 상대를
달래거나 진정시키려는 시도조차 '포기'하는 모습을 봐 왔다.

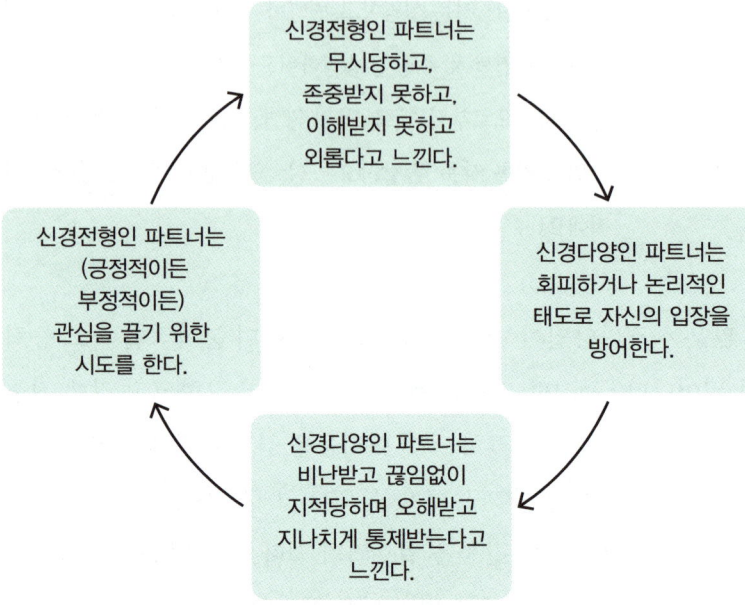

[그림 9–1] 신경다양성 커플의 관계 패턴

이러한 관계 패턴([그림 9–1] 참조)은 양쪽 파트너 모두에게 불만과 서운함을 불러일으킨다. 신경전형인 파트너가 진심이 아닌데도 동의하고, 신경다양인 파트너가 그것을 그대로 진실이라고 믿으면, 결국은 둘 다 소외감을 느끼고 서로에게 불만이 쌓이는 악순환이 이어진다. 신경다양인 파트너가 상대방이 솔직하지 않았다는 걸 알게 되면 자신들은 진정성을 바탕으로 관계를 유지한다고 믿었기 때문에 점점 신뢰가 무너지게 된다. 신경전형인 파트너는 '평화를 유지하고' 계속되는 일방적인 논쟁을 멈추게 하려고 상대를 달래고 양보하는 상황에 점점 불만과 억울함을 느끼게 된다.

신경전형인 파트너들이 자주 하는 불평은 신경다양인 파트너가 끊임없이 논쟁을 이어 간다는 것이며 종종 논쟁 자체를 즐기는 것처럼 보인다고 말한다. 신경다양인 파트너가 객관적인 진실을 이끌어 내는 대화를 즐긴다는 점에서 이 말은 어느 정도 사실이다. 문제는 관계에서는 논리적인 '진실'보다 자신의 감정을 상대에게 공감받고 이해받는 것이 더 중요할 때가 많다는 것이다. 신경전형인 파트너의 '이해받고 싶은 욕구'와 신경다양인 파트너의 '진실을 밝혀야 한다는 입장'이 대비되면서 두 사람 사이에 갈등이 생길 수 있다.

10

서로에게 다가가기
—친밀함을 향한 여정

당신은 서로 다른 행성에서 온 사람과의 관계를 선택했고

그만큼 낯설고 이해하기 어려운 특성과 함께

예상치 못한 놀라움과 기쁨 또한 마주하게 될 것이다.

신경다양인: 우리가 서로에게 솔직하고 직접적으로 소통하지 않으면 두 사람 모두 많은 오해와 서운함이 생길 수 있어요. 저는 파트너에게 제가 힘들 때 어떻게 반응하면 좋을지 알려 줘요. 예를 들어, 제가 멘탈붕괴가 올 것 같을 때 나를 어떻게 도와주면 되는지 미리 가르쳐 주죠. 제 아내는 저의 행동이나 말이 표현하는 숨은 의미를 잘 알아차리지 못해요. 그래서 저는 항상 직설적으로 명확하게 말해야 해요. 제가 기분이 안 좋아서 말이 줄어들어도 제가 직접 "나 지금 속상해."라고 말하지 않으면 그녀는 눈치채지 못하거든요. 이런 부분이 참 어렵고 때때로 정말 힘들 때도 있어요.

신경전형인: 보통 사람들에게는 설명하지 않아도 될 것들을 굳이 자세히 설명해야 할 때가 있어요. 제가 어떻게 느끼는지 솔직하게 말하지 않으면 상대방은 그걸 전혀 눈치채지 못할 수도 있거든요. 제 아내에게 저는 그녀가 솔직하게 말할 수 있는 몇 안 되는 사람 중 한 명이에요. 가끔은 너무 직설적이기도 하지만 그런 점이 오히려 시원하고 편할 때도 많아요. 하고 싶은 말을 정확하게 전달하는 게 중요해요. 직설적이고 솔직하게 말하는 것이 가장 효과적인 소통 방법이라고 생각해요.

신경다양인 파트너의 장애적 특성으로 인해 부부 간의 일상적인 대화에서 자주 갈등이 생길 수 있다. 신경다양인 파트너는 대화에 집중하기 어려울 수 있고, 자주 잊어버리거나 감각 과부하로 인해 멘탈붕괴를 겪기도 한다. 그리고 종종 신경전형인 파트너가 감정 폭발의 대상이 되기도 한다. 하지만 서로를 이해하는 방식이 달라지면 소통도 훨씬 더 원활해진다. 나는 신경전형인 파트너들에게 "다정하지만 직설적으로 말하는 게 중요하다."라고 조언한다. 신경다양인 파트너는 명확한 설명을 필요로 하며 직설적인 표현을 부담스러워하지 않고 오히려 그게 더 안심이 된다고 느낀다. 신경다양인 파트너는 이상한 나라의 앨리스에 나오는 3월 토끼의 '진심인 것을 말하고' '하는 말에 진심을 담아라.'라는 조언을 새겨 두면 좋다. 이렇게 하면 신경다양인 파트너는 상대방이 원하는 것과 필요한 것을 더 쉽게 이해할 수 있고, 애매하거나 간접적인 표현 속에서 의미를 유추하는 스트레스를 덜 받게 될 것이다.

신경다양성 관계에서 흔히 나타나는 패턴

신경다양인: 저의 파트너가 화를 내기 시작하는 순간 저는 도망치고 싶어져요. 그 화가 저를 향한 것인지 아닌지는 상관없고, 그냥 그 상황에서 벗어나고 싶을 뿐이에요. 상대방에게서 나오는 '에너지'가 너무 압도적이기 때문이죠. 만일 그 분노가 저를 향한 것이라면 저는 즉각적으로 감정을 차단하고 아무 반응도 하지 못하게 되요. 그냥 이 상황이 빨리 끝나기만을 바라게 되죠. 그리고 만일 그가 저의 행동에 대해 조언하거나 바꿔야 할 점을 얘기하면. 갈등이 끝나고 더 이상 싸우거나 도망치려는 fight-or-flight 상태가 아닐 때까지는 저는 그 말을 제대로 이해하거나 받아들이기 어려워요.

신경전형인: 저는 끝없이 상기시키다 결국 잔소리를 하는 패턴에 빠지게 되요. 제가 계속 말하지 않으면 아무것도 제대로 이루어지지 않을 것만 같아요. 우리는 계속 회피하고 도망가다 논쟁하고 싸우는 패턴이 되죠. 저는 정말 지쳤어요. 하지만 화가 나지 않을 때는 그를 정말 사랑해요. 제 삶에서 사랑과 미움은 거의 구분되지 않는 한 끗 차이예요! 저는 저의 파트너를 진심으로 사랑하고 아껴요. 저희가 좋은 날을 보낼 때는 저희의 관계가 거의 완벽에 가깝지만 저희의 증상이 심한 날에는 모든 게 고된 싸움처럼 느껴져요. 저도 제 나름의 문제가 있죠! 저는 화가 나면서 죄책감도 들어요. 그가 실제로 겪는 어려움이 있다는 걸 알고 있지만, 그래도 저는 너무 지쳐 있어요!

이 책에서 설명한 특성들로 인해 커플 관계에 일정한 패턴이 생기는 경우가 많다. 가장 흔한 것은 '과대기능자/과소기능자^overfunctioner/^underfunctioner' 패턴이다. 대체로 신경전형인 파트너가 더 많은 역할을 맡는 과대기능을 하는 경우가 많지만 때로는 그 반대가 되기도 한다. 예를 들어, 신경전형인 파트너가 일상적인 집안일을 주로 맡아서 한다면, 신경다양인 파트너는 재정 관리에 능숙해서 그 부분을 전적으로 담당하기도 한다. 그러다 보면 신경전형인 파트너는 가정의 재정 상황을 거의 모르는 경우가 생긴다. 하지만 대부분은 커플이 일상의 사소한 일들을 어떻게 나누느냐에 따라 관계의 패턴이 만들어지고 이런 부분에서 갈등이 생기는 경우가 많다.

가장 흔한 신경다양성 커플의 관계 패턴은 다음과 같다.

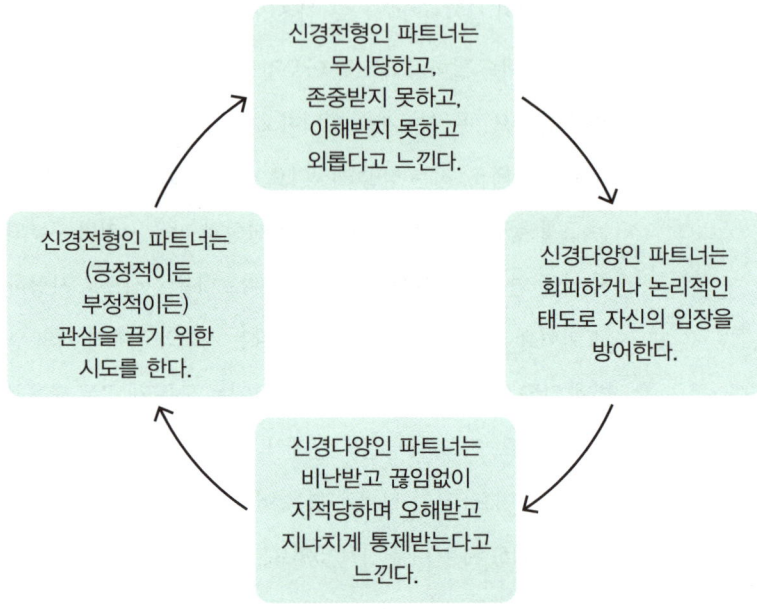

[그림 10-1] 가장 흔한 신경다양성 커플의 관계 패턴

[그림 10-1]과 같은 관계가 지속되면 커플을 좌절시키는 패턴이 형성되기 시작한다. 일반적으로 신경전형인 파트너는 일상적인 생활을 혼자 관리해야 한다는 사실에 좌절하고 화가 나거나 심지어 분노를 느끼게 된다. 그들은 자신이 관계에서 '책임지는 사람'이라고 느낀다. 파트너에게 수없이 실망을 경험한 신경전형인 파트너는 이제 더 이상 상대방을 의지하지 않게 되고, 동시에 상실감을 느끼면서 매일 외로움과 공허한 감정을 경험한다. 신경전형인 파트너는 신경다양인 파트너에게 부탁을 해도 상대방이 제대로 반응하지 않는다는 사실을 점점 깨닫게 되고, 원하는 결과를 얻기 위해 상대방에게 최후통첩을 하거나 강하게 요구하는 방식으로 대응하게 된다. 이는 신경전형인 파트너로 하여금 자신의 기본적인 욕구를 충족시키기 위해서 자신은 결국 '나쁜 사람'이 되어야 하는 느낌을 갖게 한다.

그리고 신경전형인 파트너는 상대방이 자신의 욕구를 충족시키지 못할 때, 그것이 단순한 어려움 때문이 아니라 자신을 신경 쓰지 않거나 사랑하지 않기 때문이라고 생각하게 된다.

신경다양인 파트너는 상대방이 늘 자신을 '감시하고' 있으며, 언제든지 비판하거나 잔소리를 할 준비가 되어 있다고 느끼는 경우가 많다. 그들은 자신이 아무리 노력해도 파트너를 만족시킬 수 없다는 생각을 한다. 결국 '이러나 저러나 욕을 먹는다.'라는 느낌을 갖게 된다. 이로 인해 그들은 자주 싸우거나, 도망가거나, 얼어붙는 반응을 보이게 되고, 궁지에 몰릴 경우에는 파트너가 더 이상 잔소리를 못 하게 하려고 아무 말이나 하게 된다. 그리고 때로는 그런 말을 했다는 사실조차 기억하지 못 하는 경우도 있는데, 이는 그 순간 그들은 투쟁-도피-부동화 상태에 있기 때문이다. 당연히 이런 상태에서 했던 약속을 지키지 못하게 되면 관계는 더욱 악순환에 빠지게 된다. 그들은 파트너가 자신을 통제하려고 한다고 느낄 수도 있으며, 지나치게 세세한 간섭과 압박감 때문에 점점 회피하려는 태도를 보이게 된다. 결국 그들은 과거에 파트너로부터 있는 그대로 받아들여지고 사랑받던 시절을 그리워하게 된다.

이 과정에서 두 사람의 관계에 서로의 인식 차이로 인한 왜곡이 발생한다. 신경다양인에게는 일상적인 일들이 너무 힘들고 에너지를 많이 소모하는 탓에 본인 입장에서는 파트너와 비슷한 정도로 노력하고 있다고 느낄 수 있다. 그래서 실제 역할 분담의 차이를 깨닫지 못하는데 이는 그들의 신경전형인 파트너를 더 짜증 나게 하고 답답하게 만든다. 반면, 신경전형인은 단순한 일상생활을 해내는 것조차 신경다양인 파트너에게는 아주 힘든 일이란 걸 이해하기 어려워하며, 이로 인해 좌절감과 분노가 쌓이는 악순환이 더욱 심화될 수 있다.

신경다양성 관계에서는 '요구-회피' 패턴이 형성되는 경우가 흔하다. 일반적으로 신경전형인 파트너가 자신의 요구가 충족되지 않는다는 신호를 보내면, 신경다양인 파트너는 감정을 차단하거나 회피하는 반응을 보인다. 그러면 신경전형인 파트너는 더 '강하게' 표현하거나 더 자주 요구하게 되고 이는 더 큰 회피와 좌절로 이어진다. 이런 패턴이 관계 속에서 고착화되면 두 사람 모두를 더 지치게 만든다.

성 정체성과 성적 지향의 다양성

신경다양인: 제 파트너와 저는 둘 다 자폐 스펙트럼에 속해요. 저희는 질투로 힘들어한 적이 없고 최근 일부일처제에서 폴리아모리[1]로 전환했어요. 그런데 제가 데이트를 했을 때 파트너가 감정적으로 무너지는 일이 있었는데, 질투 때문이 아니라 어떤 상황이 벌어질지 예상할 수 없었기 때문이에요. 저희는 관계에 맞는 명확한 규칙을 정할 필요가 있지만, 기존의 폴리아모리 규칙에 관련된 자료들은 신경전형인의 소통 방식을 기반으로 하고 있어서 저희에게는 그다지 유용하지 않아요. 예를 들어, 제가 데이트 중에 키스하는 것의 개념에 대한 이야기를 하고 그 후 실제 데이트를 할 수 있는데, 저는 파트너에게 특정한 날, 특정한 사람과 키스

---

1) 역자 주: 폴리아모리polyamory—여러 명의 사람과 동시에 애정 관계를 맺는 것을 의미하며, 일부일처제와는 다른 개념으로 여러 파트너와의 관계가 모두 동의와 신뢰를 바탕으로 형성된다.

를 할 것이라는 점까지 명확하게 말해야 해요. 왜냐하면 이렇게 하지 않으면 제 파트너는 구체적인 상황을 연결하지 못할 수 있고 미리 키스에 대한 얘기를 나눴어도 실제로 키스를 했다는 사실에 놀랄 수 있기 때문이에요.

신경전형인: 제 아내는 자폐 스펙트럼에 속하는데 최근 자신이 무성애자임을 깨달았어요. 저희는 여전히 서로를 깊이 사랑하지만, 수많은 시행착오 끝에 이제야 그 원인을 이해할 수 있게 되었고 그 결과 지금은 섹스를 하지 않게 되었어요. 저희는 관계를 개방하고 폴리아모리에 대해 진지하게 이야기하는 중이죠. 저는 아내가 불이익을 받지 않기를 바라기 때문에 저희 둘 다 각자 원하는 것과 필요한 것을 충족하면서도 지난 10년간 이어 온 사랑과 신뢰를 지킬 수 있도록 명확한 규칙과 타협점에 대해 논의하고 있어요.

자폐 스펙트럼을 포함한 신경다양인들은 이성애가 아닌 다른 성적 지향(즉, 동성애, 양성애, 무성애의 증가)의 비율이 더 높으며 성 정체성이 유동적인 경우도 많다는 연구 결과가 있다(George & Stokes, 2018). 한 연구에 따르면 자폐 청소년과 성인은 비자폐인보다 '무성애' 또는 '기타 성적 지향'을 가질 가능성이 약 8배 높으며 성적 활동을 하거나 이성애자로 정체성을 가질 확률이 더 낮은 것으로 나타났다(Weir, Allison, & Baron-Cohen, 2021).

파트너들은 관계의 기준과 경계에 대해 함께 논의할 필요가 있다. 경우에 따라 커플이 자신들에게 맞는 관계 방식을 새롭게 정의하는 데 있어 큰 제약이 없을 수도 있으며, 여기에는 전통적인 관계뿐만 아니라 비전통적인 관계도 포함될 수 있다. 마이클스[Michaels]와 존슨

^{Johnson}(2015)은 이를 '디자이너 관계'라고 부르며, 일부일처제, 폴리아모리, 개방형 관계 등이 이에 해당된다.

신경다양인과 신경전형인이 혼합된 관계에서 신경다양인 파트너가 정절에 대한 감정적 투자를 덜 중요하게 여길 경우 신경전형인 파트너는 혼란스럽거나 배신감을 느낄 수 있다. 따라서 관계의 경계와 기대치를 명확히 설정하고 솔직하게 소통하는 것이 중요하다. 다시 말하지만 여전히 정절, 일부일처제 그리고 성별에 관한 사회적인 규범들은 강하게 작용하고 있으며 이에 대한 논의가 필요할 수 있다. 신경전형인 관계에서는 이러한 규범이 당연하게 여겨지는 경우가 많지만, 이에 대해 명확히 이야기하는 것이 서로 친밀감의 욕구를 조율하고 더 건강한 관계를 형성하는 데 긍정적인 영향을 줄 수 있다.

⭐⭐

일반적으로 신경다양인들에게 성 정체성과 성적 지향은 더욱 다양하게 나타난다. 따라서 이러한 주제에 대해 솔직하고 개방적인 소통이 필요하며, 이를 통해 두 사람은 서로 존중받고 안전함을 느낄 수 있는 관계를 만들어 갈 수 있다.

⭐⭐

물질 남용 및 중독

신경다양인: 저는 어릴 때 ADHD 진단을 받았어요. ADHD는 종종 충동 조절 문제를 동반하며 이것이 제가 술을 남용하게 된 원인 중 하나였다고 생각해요. 게다가 저는 범불안장애^{GAD}(ADHD에서

흔한 동반 질환) 진단을 받았고 사회적 불안을 해소하기 위해 술을 일종의 자가 치료 수단으로 사용했어요. 이렇게 10년을 지냈지만 이제 금주 2주년을 일주일 앞두고 있어요. 힘든 과정이었지만 충분히 그럴 만한 가치가 있었어요.

신경전형인: 저는 오랫동안 제 파트너의 음주를 ADHD 증상을 조절하기 위한 방법이라고 합리화해 왔어요. 그녀가 낮에는 일을 하고 저녁에만 술을 마셨으니 괜찮다고 생각했죠. 하지만 그녀가 술을 마셨을 때 보이는 해로운 행동들은 괜찮지 않았어요. 저는 그 사실을 제대로 인식하지 못했고 그저 사랑에 빠져 있었죠. 결국 한계점에 도달하면서 그녀는 음주 문제에 대한 도움을 받았고, 저는 그녀의 음주를 방조했던 저의 행동에 대한 도움을 받았어요. 지금은 훨씬 나아졌지만 많은 노력이 필요했어요.

연구에 따르면 ADHD는 물질 남용과 연관이 있으며(Wilens, 2004) 이는 종종 스스로 증상을 완화하기 위한 자기 치료self-medication의 형태로 나타난다. 자폐와 물질 남용의 관계에 대한 연구도 진행되고 있지만 아직 명확한 결론이 내려지지는 않았다(Ressel et al., 2020). 술이나 약물 같은 물질을 스트레스 해소 수단으로 사용하는 것은 어느 파트너에게든 문제가 될 수 있다. 보통 신경전형인 파트너가 물질을 남용하는 경우는 외로움과 고립감을 해소하거나 과거의 트라우마를 극복하기 위한 목적으로 사용하는 경우가 많다. 반면 신경다양인 파트너는 범불안장애나 사회적 불안을 완화하기 위해 습관적으로 물질을 사용할 가능성이 높다. 여기서 스스로에게 던져야 할 질문은 "내가 사용하는 물질이 파트너와의 관계를 방해하고 있는가?"이다. 하지만 관계는 상호적이므로 한 사람은 문제가 된다고 느껴도 상대방은 그렇지 않다고 생각할 수도 있다. 따라서 파트너가 이 문제를 어떻게 느끼는지 주의를 기울이는 것이 중요하다. 만일 그들이 물질 사용이 관계에 부정적인 영향을 미친다고 느낀다면, 이를 진지하게 받아들이고 건강한 관계를 유지하기 위해 다른 대처 방법을 찾아야 한다. 만약 두 사람 모두 스트레스를 견디기 위해 술이나 약물을 사용하고 있다면 "우리가 이것을 끊는다면 우리의 관계는 어떻게 변할까?"라는 질문을 던질 필요가 있다. 관계의 어려움을 버티기 위해 감정을 마비시키는 것은 결국 두 사람뿐만 아니라 함께하는 자녀들에게도 부정적인 영향을 미칠 수 있다.

> ⭐⭐
>
> **물질 남용은 신경다양인 파트너와 신경전형인 파트너 모두에게 삶의 스트레스를 해소하는 수단으로 사용될 수 있다. 신경다양인 파트너는 사회적 가면**masking**을 유지하는 부담과 실행 기능의 어려움 또는 사회적 불안과 범불안장애를 극복하는 수단으로 물질을 사용할 가능성이 크다. 반면 신경전형인 파트너는 고립감이나 과중한 역할 부담을 견디기 위해 물질에 의존하곤 한다.**
>
> ⭐⭐

상호 의존

신경다양인: 평범해 보이기 위해 가면을 쓰고 애쓰는 일은 저를 과하게 민감하게 하고 타인의 시선을 의식하게 만들어요. 머릿속에선 끊임없이 "저 사람은 무슨 생각을 할까? 저 표정은 무슨 의미일까? 지금 분위기는 어떤걸까? 나에게 바라는 건 뭘까?"와 같은 질

문이 맴돌죠. 상대방의 생각을 읽고 해석하는 데 집중하다 보니 정작 제 감정이 어떤지 스스로 알아차리기는 어려워요.

신경전형인: 저는 매일 그의 기분을 건드릴까 봐 조심조심 지뢰밭을 피해 걷 듯 살아가요. 상대가 편안한 상태일 때만 눈치 보며 얼른 말을 꺼내고 조금이라도 불쾌해할 만한 건 아예 입 밖에도 꺼내지 않으려 하죠. 아침 일정을 일부러 잡지 않는 것도 "너무 이르잖 아!" 하는 불만이 벌써부터 귓가에 맴돌기 때문이에요. 저는 늘 주저하고 두려워하고 살얼음판을 걷듯 행동해요. 그를 불편하 게 만들기라도 하면 그 대가는 감당하기 힘들기 때문이에요.

상호의존은 한 사람이 상대의 감정을 지나치게 흡수하며 시작된 다. 공감은 분명 중요한 자질이지만, 자신의 감정과 파트너의 감정 을 구분하지 못할 때 관계는 점차 건강하지 못한 상호의존 상태로 빠질 수 있다.

감정적 자율성을 갖기 어려운 신경전형인이 신경다양인과 관계 를 맺는 경우는 흔하다. 신경전형인은 대개 타인을 돕고 싶어 하는 타고난 배려심이 많은 사람이다. 그러나 이 성향은 신경전형인이 신 경다양인 파트너의 감정 상태에 휘말려 자기 감정을 분리하지 못할 때 오히려 문제가 될 수 있다. 예를 들어, 신경다양인 파트너가 힘든 하루를 보내고 감정 기복이 심해져 평정을 되찾기 위해 거리를 두려 고 할 때, 신경전형인은 이를 개인적 거절로 받아들일 수 있다. 그리 고 자신이 관계에서 '모든 것을 감당하고 있음'에도 충분한 보답을 받지 못한다고 느낄 경우 자기희생적 태도^{martyrdom}가 자리 잡을 수 있다.

앞의 가면쓰기에 대한 예에서 보듯이 타인의 감정을 읽기 어려운 신경다양인의 한계 때문에 그는 점차 상호 의존적인 관계 방식을 갖게 된다. 다시 말해 낯선 땅에 떨어진 이방인이라면, 생존을 위해 그곳 원주민들의 반응에 지나치게 예민해질 수밖에 없는 것이다.

> ★★
> 상호의존은 관계 안에서 자신의 필요는 소홀히 한 채 상대를 돕는 데에너지를 쏟을 때 생긴다. 그는 상대의 욕구를 채우느라 자신의 존재는 잃어버릴 수 있으며, 자신에게 집중하기보다는 상대방의 필요에 끌려다니며 지배당할 수 있다.
> ★★

신경다양성 관계에서의 번아웃……, 이 행성에서 탈출해도 될까

최근 세계보건기구(WHO, 2019)는 공식적으로 번아웃을 진단 가능한 증후군으로 정의했다. 신경다양성 관계에서는 한쪽 혹은 양쪽 파트너 모두가 번아웃을 경험하는 일이 드물지 않다. 번아웃의 원인은 다를 수 있지만, 신체적·정신적·감정적 탈진 증상은 서로 유사하게 나타난다. 아직 신경다양인의 파트너가 경험하는 번아웃에 대한 체계적인 연구는 부족하며, 신경다양인에 대한 연구도 거의 없고, 다만 자폐 스펙트럼을 중심으로 한 일부 제한적인 연구만 존재한다. 그러나 번아웃은 실제로 존재하는 현상이며 개인의 삶과 그들의 관계 전반에 깊은 영향을 미칠 수 있다.

번아웃과 신경전형인 파트너

신경전형인: 저는 항상 너무 지쳐 있어요. 모든 걸 제가 계획해야 하거든요! 집을 정리하고 청구서를 내고 집안일 대부분을 하면서 밖에서도 일을 해야 하죠. 남편은 아무것도 기억하지 못하고 아이들 활동은 물론, 심지어 시어머니 생일 선물까지 제가 챙겨요. 그런데 그 대가로 정작 저에게 돌아오는 건 뭐죠? 별로 느껴지거나 떠오르는 게 없어요. 남편이 저를 사랑하는 건 알지만 어떤 날은 이 모든 게 정말 버거워요.

계획 세우기, 일정 관리, 정리 정돈 등 실행 기능과 관련된 다양한 역할을 떠맡은 신경전형인 파트너는 번아웃을 경험할 수 있으며, 실제로 그렇게 보고되기도 한다. 자폐 아동을 둔 부모의 번아웃에 대해서는 이를 설명해 주는 연구들이 존재하지만(예: Kütük et al., 2021; Weiss et al., 2014), 신경다양인과의 관계나 결혼 생활에서 경험하는 번아웃의 이해를 돕는 연구는 아직 없는 실정이다. 현재로선 이 현상을 가장 유사하게 설명해 주는 자료는 '비공식 돌봄제공자informal caregivers'에 대한 연구들뿐이다.

비공식 돌봄제공자는 질병, 장애 혹은 지속적인 도움이 필요한 상태에 놓인 사람을 일상적으로 돌보는 사람을 말한다(Gérain & Zech, 2019). 연구에 따르면 이러한 역할은 돌봄제공자의 정신적 · 신체적 건강을 해칠 수 있는 위험 요인이 되기도 한다. 세계보건기구(WHO)의 직장 내 번아웃 개념을 관계에 적용해 보면, 신경전형인 파트너가 겪는 번아웃은 실행 기능 과부하가 적절히 관리되지 못해 발생한 것으로 이해할 수 있다. 이러한 번아웃에는 에너지 고갈이나 탈진, 파트너와의 정서적 거리감 증가 또는 관계에서의 분노나 냉소적 감정, 그리고 가정과 관계 유지를 위한 일상적 수행 능력의 효율성 저하 등이 포함된다(WHO, 2019의 정의를 바탕으로 재구성).

돌봄제공자에 대한 기존 연구를 참고하면 신경전형인 파트너가 어떤 감정적 부담이나 소진을 경험하는지 개념적으로 추론해 볼 수 있다. 돌봄 제공자에게는 일정한 부담이 따르는데 이는 '객관적 부담'과 '주관적 부담'으로 나뉜다. 객관적 부담은 실제로 돌봄에 들이는 시간과 에너지를 말한다. 반면, 주관적 부담은 사랑하는 사람을 돌보는 데 느끼는 심리적 부담, 즉 그 상황을 돌봄제공자가 어떻게 인식하느냐에 달려 있다(Flyckt, Fatouros-Bergman, & Koernig, 2015). 내가 신경다양인과 신경전형인의 커플 관계에서 가장 자주 목격하는 것은 신경전형인이 신경다양인 파트너의 특성과 상태를 충분히 이해하지 못할 때 발생하는 감정적 오해이다. 이로 인해 신경전형인은 신경다양인 파트너가 의도적으로 자신을 정서적으로 소외시키고 자신이 마땅히 받아야 할 사랑을 일부러 주지 않는다고 느끼게 된다. 사랑과 애정이 부족하다고 느끼는 상황에서, 신경전형인 파트너는 자신의 정서적 욕구가 충족되지 않을 때 분노를 느끼게 된다. 그 결과 신경다양인 파트너의 실행기능 저하나 사회적 어려움으로 인해 신경전형인 파트너가 대신 떠맡게 되는 일들은 점점 더 버겁고 힘겹게 느껴지게 된다. 이런 역학 관계가 제대로 이해되지 않고 다뤄지지 않으면, 신경전형인 파트너는 두통, 근육통, 수면 장애, 긴장 및 불안, 신경과민, 만성 피로, 우울증 등의 심인성 증상을 겪을 수 있다. 이러한 증상은 다른 유형의 돌봄제공자에게서도 흔히 나타나는 현상이지만, 신경전형인 파트너를 대상으로 한 구체적인 연구는 아직 이뤄지지 않았다.

> ★★
>
> **신경전형인 파트너의 번아웃은 대개 실행 기능과 관련된 집안 일을 도 맡게 되는 부담과 감정적으로 소외된 느낌에서 비롯되며, 자신이 가정 에서 더 많은 짐을 떠안고 있다는 생각으로 인해 분노와 억울함이 서 시히 쌓이게 된다.**
>
> ★★

번아웃과 신경다양인 파트너

신경다양인: 저에게 자폐 특성과 관련된 극심한 번아웃은 감정 에너지가 고 갈되고 감각적으로 무척 예민해질 때 찾아와요. 말도 하기 싫고 눈도 마주치기 싫고 어떤 감각 자극도 견딜 수 없게 되죠. 그리 고 긍정적인 감정을 미소 짓거나 웃는 것 같은 신경전형인의 방 식으로 표현할 수 없게 되요. 대신 저는 눈물이 많아지고 감정을 달래기 위한 무의식적인 행동(스티밍^stimming: 자극을 조절하거 나 감정을 진정시키기 위해 손을 흔들거나 몸을 반복적으로 움 직이는 등의 자기 자극 행동)을 반복하게 되고 잠을 많이 자게 되며 더 이상 '괜찮은 척'하는 가면쓰기조차 할 수 없게 되죠.

신경다양인 파트너가 겪는 번아웃은 대개 신경전형적 세상 속에 서 살아가면서 신경다양인 특성을 숨기고 가면쓰기를 해야 하는 데 에서 비롯된 반응이다. 이와 관련된 연구는 아직 많지 않으며 자폐 번아웃에 대한 일부 논문들(예: Raymaker et al., 2020)만이 존재한다.

이러한 번아웃은 종종 신체적 또는 정서적 탈진을 동반하며 우울, 분노, 불안 등의 증상이 함께 나타나기도 한다. 이와 함께 신경다양인은 감각에 대한 민감성이 더욱 증가하는 것을 경험하게 된다. 반면 주변 사람들이 보기에는 짜증을 잘 내거나 위축된 태도, 감각 과민, 스티밍, 반복적인 행동 등과 같은 외적인 징후들이 나타날 수 있다. 이런 상태에서는 실행 기능, 충동 조절, 인지 능력, 단기 기억 등이 저하되고 손상될 수 있다.

레이메이커Raymaker와 연구진(2020)은 「모든 내면의 에너지가 바닥나고 아무도 도와주지 않는 상태: 자폐성 번아웃이란 무엇인가」라는 논문을 통해 처음으로 자폐성 번아웃이라는 개념을 실증적으로 탐색했다. 그들은 인터뷰와 다양한 자료를 통해 질적 정보를 수집했고 그 결과 자폐성 번아웃이 왔을 때 공통적으로 경험하는 특징들을 다음과 같이 정리했다.

- 삶 전반에 대한 만성적인 스트레스
- 주변의 기대와 자신의 실제 능력 사이의 불일치
- 부적절한 지원
- 지속적인 피로(보통 3개월 이상)
- 일상 기능의 상실
- 자극에 대한 인내심 감소

레이메이커와 연구진(2020)은 자폐성 성인의 삶에 영향을 미치는 스트레스 요인으로 사회에 적응하려고 자신을 감추는 가면쓰기, 가족, 학교나 직장을 포함한 사회의 기대, 이해와 배려가 부족한 환경에서 자폐적 특성에 따른 어려움을 스스로 감당해야 하는 상황, 그

리고 삶의 변화와 전환기에서 오는 혼란 등을 들었다. 여기에 가스
라이팅, 증상의 무시, 건강한 경계 설정의 어려움, 자기 목소리를 내
기 힘든 구조, 쉴 수 없는 상황, 외부 자원 및 지원의 부재 같은 문제
들이 더해지면 결국 자폐성 성인은 주어진 기대치를 감당할 수 없게
되고 심리적 · 신체적 번아웃에 이르게 된다. 이러한 과정은 자폐성
성인뿐만 아니라 다른 신경다양인에게도 유사하게 일어날 수 있다.

> 신경다양인은 자신의 스트레스 조절 능력보다 스트레스 요인이 더
> 클 때, 그리고 주변의 기대가 자신의 능력보다 높을 때 번아웃을 경험
> 한다.

사회적으로 인정받지 못하는 비통함

신경다양인: 가끔은 우리가 근본적으로 너무 달라서 파트너가 저를 이해하
지 못한다고 느껴요. 오해하지 마세요. 그 사람이 제 곁에 있다
는 건 정말 행운이라고 생각해요. 하지만 너무 힘든 점은 제 스
스로 제가 어떤 욕구를 갖고 있는지 모르겠고 그걸 어떻게 말로
표현해야 할지도 전혀 모르겠다는 점이에요. 그리고 파트너는
제가 말로 잘 전달하지 못할 때 답답해하고 짜증을 내요! 그럴
때면 늘 저는 파트너가 저에게 화가 난 것처럼 느껴지고 "당신
은 진짜 이해를 못 해!"라는 말을 자주 듣게 되죠.

신경전형인: 우리는 결국 서로를 사랑하지만 저는 제가 예전에 느꼈던 파트너
와의 연결감이 그리워요. 가장 힘든 점은 파트너가 제 관점을 이

해하지 못하고 제 감정을 공감하지 못한다는 사실이에요. 그로 인해 저는 관계 속에 있지만 혼자인 것 같은 단절감이 들어요.

신경전형인은 자신의 파트너와는 자신이 꿈꿨던 결혼 생활이 결코 이루어질 수 없다는 현실을 깨닫게 되었을 때 깊은 상실감과 슬픔을 겪는다. 그러나 이러한 슬픔이 공감과 지지를 받지 못할 때 그들은 사회적으로 인정받지 못하는 비통함^{disenfranchised grief}을 느낀다. 많은 신경다양인이 다른 사람들의 눈에는 이상적인 파트너처럼 보이기도 하기에, 주변 사람들은 왜 결혼이나 관계 안에서 고통을 겪고 있는지 이해하지 못하거나 고통 자체를 의심하기도 한다. 신경전형인이 경험하는 상실감은 자신이 관계 안에서 원했던 정서적 친밀감이 결코 실현될 수 없다는 것을 깨달을 때 찾아온다. 이 상실감은 내가 결혼 생활에서 기대했던 것들이나 이루어질 수도 있었던 것들과 현재 실제 관계 속의 모습 사이의 괴리에서 비롯된 것이다. 때로는 신경다양인 파트너가 이러한 현실을 받아들이기보다 의도적으로 변화를 거부하고 있다고 생각하는 편이 마음이 더 편할 때도 있다.

신경다양인 파트너 역시 종류는 다르지만 사회적 인정을 받지 못하는 슬픔을 똑같이 느낄 수 있다. 그 슬픔은 처음에는 자신이 사랑받고 받아들여졌다고 느꼈던 관계가 더 이상 존재하지 않는다는 것에 대한 슬픔이다. 그들은 예전에 가졌던 파트너십, 자신의 고유한 재능에 대해 파트너로부터 받았던 인정 그리고 그 시절의 평온함을 그리워한다. 그리고 자신이 주변 사람들의 기대를 채워 주지 못하고 있다는 생각이 반복적으로 들 때 더 이상 가정에서 편안함을 느끼지 못한다.

두 사람 모두 관계 안에서 기대했던 모습과 실제 현실과의 사이에 큰 차이가 있을 때, 그리고 돌봄 받고 이해받으면서 있는 그대로 수용되고 존중받길 원했던 욕구가 충족되지 않을 때 사회적으로 인정받지 못하는 비통함*disenfranchised grief*을 느끼게 된다.

왜 상대방의 궤도에 합류해야 할까

신경다양인: 아내는 신경전형인이고 저는 아스퍼거 성향을 가졌어요. 사실 저는 아내를 만나기 전까지 단 한 번도 연애를 해 본 적이 없었고 저희가 만난 건 제가 스물일곱 살 때였어요. 저희 사이에는 어려움도 있고 어떤 날은 유난히 힘들게 느껴질 때도 있죠. 하지만 서로가 지치거나 무시당한다고 느끼지 않도록 항상 모든 걸 터놓고 대화하려고 노력해요. 저는 평생 결혼은 물론 연애조차 하지 못할 거라고 생각했는데 지금 저희는 이렇게 함께하고 있어요. 해야 할 일을 함께 해결해 주고 제가 제자리를 지킬 수 있도록 도와주는 사람이 있다는 건 정말 큰 위안이 되죠. 그리고 무엇보다 좋은 건 제가 아내 앞에서는 완전히 솔직해져도 괜찮고 가면을 쓰지 않은 채 있는 그대로의 나로 있을 수 있다는 점이에요.

신경전형인: 저의 파트너는 자폐 스펙트럼에 속하는 사람으로, 누구보다 깊고 강하게 진심을 다해 사랑하고 매우 충실하며 보호 본능이 강한 사람이에요. 그는 자신만의 독특한 성향이 있고 관심 있는 주제에 몰입하면 그 이야기를 오랫동안 하기도 하죠. 변화를 극도로 싫어하지만 문제를 해결하는 데에는 열정을 보여요. 당

신의 뇌가 작동하는 방식과 세상의 기준이 정면으로 부딪칠 때 삶은 결코 쉽지 않죠!

신경다양인은 참 많은 강점을 가지고 있다. 겉보기엔 감정에 덜 민감한 것처럼 보일 수 있지만, 실제로는 너무 섬세해서 오히려 그 예민함이 종종 그들에게 큰 심리적 부담과 고통을 안겨 주기도 한다. 당신은 어떻게 생각할지 모르지만 나는 지금 이 세상에 필요한 건 더 낮은 예민함과 둔감함이 아니라 더 높은 민감함과 섬세함이라고 생각한다. 신경다양인 파트너에게서 자주 발견되는 공통점은 신뢰할 수 있고 헌신적이며, 삶의 한 영역에서 뚜렷한 재능을 가진 사람이라는 점이다. 그들은 세상을 일반적인 방식과는 다르게 바라본다. 바로 그 점이 당신을 사로잡았을 것이다. 당신의 파트너는 뛰어난 문제 해결 능력을 갖췄거나 숫자에 강하고 창의적이며 무엇보다 진실한 사람일 수 있다. 당신은 서로 다른 행성에서 온 사람과의 관계를 선택했고 그만큼 낯설고 이해하기 어려운 특성과 함께 예상치 못한 놀라움과 기쁨 또한 마주하게 될 것이다.

신경다양인 파트너는 자신의 고유한 능력을 이해해 주고 감각적인 민감함이나 수행 기능의 어려움 등으로 인해 삶의 일부 영역이 특별히 도전적일 수 있다는 것을 존중해 주는 사랑하는 파트너가 함께 있을 때 더욱 건강하게 성장하고 삶이라는 꽃을 활짝 피울 수 있다. 신경다양인이 가진 삶에 대한 독특한 시선은 그것이 충분히 이해되고 받아들여질 때 두 사람 모두에게 새로운 활력을 불어넣을 수 있다. 생각해 보라. 다른 행성에 가서 그곳 사람들은 어떻게 생각하고 어떤 감정을 느끼며 어떻게 행동하는지를 배울 수 있다면 그것을 마다할 사람이 있겠는가?

신경다양성 관계는 서로 다른 문화를 가진 두 사람이 만나는 관계와 같다. 두 사람은 서로에게 많은 것을 배울 수 있고, 당신이 서로 다른 뇌 스타일을 존중하고 받아들일수록 지금 함께하고 있는 관계라는 우주 여행을 더 깊이 있게 느끼고 감사할 수 있다.

감정적 상호성^{Emotional reciprocity}: 상대방의 감정 표현에 적절하게 반응하고, 자신의 감정도 자연스럽게 주고받을 수 있는 능력이다. 타인의 감정을 인식하고 공감하며, 감정적 교류를 통해 관계를 형성하고 유지하는 데 중요한 요소이다.

감정표현불능증^{Alexithymia}: 자신의 감정을 인식하거나 언어로 표현하는 데 어려움을 겪는 심리적 상태. 타인과 감정을 교류하거나 공감하는 데 어려움이 있어, 감정적 친밀감 형성에 영향을 줄 수 있다.

공동 관심^{Joint Attention}: 두 사람이 같은 대상이나 활동에 동시에 주의를 기울이며, 서로가 같은 것을 보고 있다는 것을 인식하고 반응하는 능력. 발달 초기에 형성되며, 상호작용의 기본 요소로 간주된다. 타인의 주의집중 대상에 함께하거나 자신의 관심대상에 타인을 유도하는 능력을 포함하며, 주의 조절 능력이 필요하다.

두드리는 행동^{Tapping}: 불안, 긴장, 집중력 저하 상태에서 감각 조절을 위해 사용하는 반복적 자기자극 행위의 하나. 손가락이나 발끝으로 탁자나 바닥을 두드리는 행동이 대표적이며, 감각 과부하 완화 또는 자기 조절의 한 형태로 이해된다.

리탈린^{Ritalin}: ADHD 치료에 흔히 사용되는 약물로, 메틸페니데이트 methylphenidate를 주성분으로 한다. 집중력을 높이고 과잉행동을 줄이는 데 도움을 주며, 실행 기능 향상에도 일부 효과를 보인다. 단, 사람마다 반응과 부작용이 다를 수 있다.

마음이론^{Theory of Mind}: 타인의 마음 상태(예: 생각, 감정, 의도, 욕구)를 이해하고 추론하는 능력. 이 능력을 통해 타인이 자신과는 다른 마음상태를 가지고 있다는 것을 이해하고, 다른 사람의 행동을 예측하고, 사회적 상황에 적절하게 반응할 수 있다.

멘탈붕괴 또는 멜트다운^{Meltdowns}: 과도한 감각 자극, 심리적 스트레스, 구조화되지 않은 상황 등에 의해 발생하는 정서적 및 행동적 탈조절 상태. 분노발작과는 달리, 아무런 목적성이나 의도성이 없는 통제불능의 패닉 상태이며, 오열, 자해적 행동 등 극단적 반응을 보일 수 있다.

비공식 돌봄 제공자^{Informal caregivers}: 직업적으로 훈련을 받지 않았지만 가족, 친구, 파트너 등 개인적인 관계를 기반으로 누군가를 지속적으로 돌보는 사람을 말한다. 신경다양성 관계에서는 신경전형인 파트너가 이 역할을 감당하는 경우가 많으며, 정서적·행정적 부담이 클 수 있다.

사회적 가면쓰기^{Masking}: 신경다양인이 사회적 규범에 맞추기 위해 자신의 본래 성향이나 감각 반응을 억누르거나 감추는 행동. 가면쓰기는 의식적이거나 무의식적인 것일 수도 있고, 사회적 길들임으로 몸에 밴 습관일 수도 있으며 장기간 지속되면 정서적 피로와 정체성 혼란을 유발할 수 있다.

스티밍 또는 자기자극행동^{Stimming}: 감각자극을 조절하거나 감각을 안정시키기 위해 반복적으로 하는 자기조절 행동. 손 흔들기, 발 구르기, 특정 소리 반복 등이 이에 포함된다. 모든 사람에게 어느 정도 보이는 것으로, 발달 장애, 자폐 스펙트럼 장애, 감각 처리 장애를 가진 사람들에게 자주 보인다.

시간 감각 상실^{Time Blindness}: 시간의 흐름을 체감하거나 예상하는 데 어려움이 있는 상태이다. 1시간이 몇 분처럼 느껴지기도 하고, 정해진 시간 내에 행동을 조절하기 어려워 지각, 일정 누락 등의 문제가 발생한다. 실행 기능 문제와 밀접한 관련이 있다.

신경다양성^{Neurodiverse}: 사회학자 주디 싱어가 뇌의 신경 구조 및 기능에서의 다양성에 대한 인식을 불러일으키기 위해 만든 용어로, 모든 사람의 뇌가 동일하게 작동하지 않으며, 인지 방식과 정보 처리 방식이 다양한 스펙트럼 위에 존재한다는 개념이다.

신경다양성 관계^{Neurodiverse relationship}: 신경다양인과 신경전형인이 관계를 맺는 경우를 의미한다. 서로 다른 인지 특성과 감정 처리 방식이 관계에 영향을 줄 수 있으며, 상호 이해와 조율이 중요하다.

신경다양적인, 신경다양인^{Neurodivergent}: 전통적인 뇌 발달 경로와 다른 신경학적 특성을 가진 사람을 가리키는 말이다. 사회가 '정상' 또는 '전형적'이라고 여기는 인지 기능과는 매우 다른 방식으로 사고하거나 행동하는 개인을 의미한다.

신경 소수자^{Neurominorities}: 사회에서 다수로 간주되는 신경전형적 뇌 작동 방식과는 다른 방식으로 인지하고 행동하는 사람들을 지칭하는 포괄적 용어이다. ADHD, 자폐 스펙트럼, 학습장애, 틱장애 등이 포함되며, 다양한 신경적 특성이 사회 구조 안에서 '소수자'로 간주되는 현실을 반영한다.

신경전형적인, 신경전형인^{Neurotypical}: 사회적으로 평균적이거나 전형적인 신경 발달 경로를 따르는 사람을 뜻한다. 흔히 신경다양인과 비교되는 개념으로, 비전형적인 신경 발달 특성이 없는, 즉 전형적인 뇌 작동 방식을 가진 사람을 지칭하는 용어이다.

신경전형적 제국주의^{Neurotypical Imperialism}: 신경전형적인 방식의 사고, 행동, 사회적 규범이 '정상'이자 기준으로 간주되며, 신경다양성을 억압하거나 교정하려 드는 태도 또는 시스템을 의미한다. 이는 교육, 직장, 가족 관계 등 여러 영역에서 신경다양인들의 경험을 배제하거나 왜곡할 수 있다.

실행 기능^{Executive functioning}: 뇌가 목표를 달성하기 위해 사용하는 인지적 조절 시스템을 말한다. 계획 세우기, 우선순위 정하기, 시간 관리, 주의 전환, 작업 시작 및 마무리, 감정 조절 등 일상적인 '실행'을 조율하는 능력을 포함한다. 신경다양성적 특성을 가진 사람들에게 이 기능이 흔히 어려움을 겪는 영역이다.

업무 마비^{Task Paralysis}: 해야 할 일을 알고 있음에도 불구하고 시작할 수 없거나 움직일 수 없는 상태를 말한다. 주로 압박감, 불안, 과부하 또는 실행 기능 문제로 인해 발생하며, 외부 자극(마감, 타인의 감정 반응 등)에 의해 겨우 행동을 시작하는 경우가 많다.

장애인 차별주의^{Ableism}: 신체적 또는 정신적 능력의 '정상' 기준에 따라 사람을 평가하고 차별하는 사회적 태도나 구조를 의미한다. 신경다양성은 보이지 않는 차이를 포함하기 때문에, 미묘한 형태의 장애인 차별주의(예: "그 정도는 다들 참지 않아?" 같은 말)에 자주 노출될 수 있다.

초집중^{Hyperfocus}: 과잉 집중 상태로, 특정 활동이나 주제에 몰입하여 시간, 환경 자극, 신체 욕구 등을 무시하게 되는 현상이다. 창의적 생산성으로 이어질 수 있으나, 일상 기능 손상으로 연결될 수도 있다.

도서

Attwood, T. (2007). *The Complete Guide to Asperger's Syndrome.* London: Jessica Kingsley Publishers.

Bédard, R. & Hecker, L. (Eds.) (2020). *A Spectrum of Solutions for Clients With Autism: Treatment for Adolescents and Adults.* New York: Routledge Press.

Cook, B., & Garnett, M. (Eds.) (2018). *Spectrum Women: Walking to the Beat of Autism.* London: Jessica Kingsley Publishers.

Gaus, V. (2011). *Living Well on the Spectrum: How to Use Your Strengths to Meet the Challenges of Asperger Syndrome/High-Functioning Autism.* New York: Guilford Press.

O'Toole, J. C. (2018). *Autism in Heels.* New York: Skyhorse.

Robison, J. E. (2012). *Be Different: My Adventures with Asperger's and My Advice for Fellow Aspergians, Misfits, Families, and Teachers.* New York: Crown Publishing.

Robison, J. E. (2009). *Look Me In the Eye: My Life with Asperger's.* London: Ebury.

Toksvig, S. (2015). *The Tricky Art of Co-Existing: How to Behave Decently No Matter What Life Throws Your Way.* New York: The Experiment.

웹사이트

Asperger/Autism Network (AANE), AANE.org

Autism Society of America, AutismSociety.org

Indiana Resource Center for Autism, iidc.indiana.edu/irca

Orange County Asperger's Support Group, OCAspergers.org

Spectrum Women, SpectrumWomen.com

Temple Grandin, TempleGrandin.com

Yellow Ladybugs, YellowLadybugs.com.au

참고문헌 ─

American Psychiatric Association. (2013). *Diagnostic and statistical manual of mental disorders* (5th ed.). doi.org/10.1176/appi. books.9780890425596

Anonymously Autistic. (2016). The anguish of brushing your teeth when you have sensory issues. The Mighty. TheMighty.com/2016/11/ what-brushing-your-teeth-is-like-when-youhave-sensory-issues

Ashinoff, B. K., Abu-Akel, A. (2019). Hyperfocus: the forgotten frontier of attention. *Psychological Research, 85,* 1-19. doi.org/10.1007/ s00426-019-01245-8

Ashwin, C., Chapman, E., Howells, J., et al. (2014). Enhanced olfactory sensitivity in autism spectrum conditions. *Molecular Autism, 5,* 53. doi.org/10.1186/2040-2392-5-53

Astington, J. W., & Edward, M. J. (2017). The development of theory of mind in early childhood. *Encyclopedia of Early Childhood Development,* pp. 1-37. doc.uments.com/s-the-development-of- theory-of-mind-in-early-childhood.pdf

Bermond, B., Clayton, K., Liberova, A., Luminet, O., Maruszewski, T., Bitti, P. E. R., Rimé, B.,Vorst, H. H., Wagner, H., & Wicherts, J. (2007). A cognitive and affective dimensions of alexithymia in six languages and seven populations. *Cognition and Emotion, 21*(5),

1125-1136.

Bertilsdotter Rosqvist, H., & Jackson-Perry, D. (2021). Not doing it properly? (Re)producing and resisting knowledge through narratives of autistic sexualities. *Sex and Disability, 39*, 327-344. doi.org/10.1007/s11195-020-09624-5

Boucher, J., & Bowler, D. (Eds.). (2008). *Memory in Autism: Theory and evidence*. Cambridge: Cambridge University Press.

Caruana, N., Stieglitz Ham, H., Brock, J., Woolgar, A., Kloth, N., Palermo, R., & McArthur, G. (2018, May). Joint attention difficulties in autistic adults: An interactive eye-tracking study. *Autism, 22*(4): 502-512. doi:10.1177/1362361316676204. Epub 2017 Apr 20. PMID: 28423919.

Cassidy, S., Bradley, L., Shaw, R., & Baron-Cohen, S. (2018). Risk markers for suicidality in autistic adults. *Molecular Autism, 9*(42):1-14. doi.org/10.1186/s13229-018-0226-4

CDC (2020, Sept. 25). Data & statistics on autism spectrum disorder. CDC. gov/ncbddd/autism/data.html

Center for Creative Leadership. (2021). Adapting to change requires flexible leadership. CCL. org/articles/leading-effectivelyarticles/adaptability-1-idea-3-facts-5-tips

CHADD. (2019, July 19). When depression co-occurs with ADHD. chadd. org/adhd-weekly/when-depression-co-occurswith-adhd

Christopher, G., & McDonald, J. (2005). The impact of clinical depression on working memory. *Cognitive Neuropsychiatry, 10*, 379-399. doi:10.1080/13546800444000128

Cook, A., Ogden, J., & Winstone, N. (2018). Friendship motivations, challenges and the role of masking for girls with autism in contrasting school settings. *European Journal of Special Needs Education, 33*(3), 302-315. doi.org/10.1080/08856257.2017.1312797

Coulter, R. A. (2009). Understanding the visual symptoms of individuals with Autism Spectrum Disorder (ASD). *Optometry and Vision Development, 40*(3), 164–175.

Craig, A. D. (2015). How do you feel? An interoceptive moment with your neurobiological self. New Jersey: Princeton University Press; 10.1515/9781400852727

Crane, L , Goddard, L , & Pring, L (2009) Sensory processing in adults with autism spectrum disorders. *Autism, 13*(3), 215–228. doi. org/10.1177/1362361309103794.

Edelstein, M., Brang, D., Rouw, R., & Ramachanan, V. S. (2013). Misophonia: physiological investigations and case descriptions. *Frontiers in Human Neuroscience, 7,* 296. FrontiersIn.org/ articles/10.3389/fnhum.2013.00296/full

Flyckt, L., Fatouros-Bergman, H., & Koernig, T. (2015). Determinantsof subjective and objective burden of informal caregiving of patients with psychotic disorders. *The International Journal of Social Psychiatry, 61*(7), 684–692. doi.org/10.1177/0020764015573088

Gamin, A., Godin, O., Scheid, I., Monnet, D., Murzi, E., Teruel, A.M., Amsellem, F, Laouamri, H., Souyris, K., Houneau, J., & Infor, T. (2017). Psychiatric co-morbidities in a French cohort of adults with high-functioning autism (HFA). *European Psychiatry,* 41, S136.

George, R., & Stokes, M. A. (2018). Sexual orientation in Autism Spectrum Disorder. *Autism Research: Official Journal of the International Society for Autism Research, 11*(1), 133–141. doi. org/10.1002/aur.1892

Gérain, P., & Zech, E. (2019) Informal caregiver burnout? Development of a theoretical framework to understand the impact of caregiving. *Frontiers in Psychology, 10*:1748. doi: 10.3389/fpsyg.2019.01748.

Gernsbacher, M. A., & Yergeau, M. (2019). Empirical failures of the claim that autistic people lack a theory of mind. *Archives of Scientific Psychology, 7*(1), 102-118. doi: 10.1037/arc0000067.

Gottman, J., & DeClaire, J. (2004). *The relationship cure.* New York: Random House.

Gottman, J., & Silver, N. (2015) *The seven principles for making marriage work* (rev. ed.) New York: Three Rivers.

Grandin, T. (2020) *Different... not less: Inspiring stories of achievement and successful employment from adults with Autism, Asperger's, and ADHD.* (2nd ed.) Texas: Future Horizons.

Harris, Z. (n.d.) Beating time blindness. CHADD. chadd.org/attention-article/beating-time-blindness

Hartley, G. (2018). *Fed up: Emotional labor, women, and the way forward.* New York: Harper One.

Hiller, R. M., Young, R. L., & Weber, N. (2014). Sex differences in Autism Spectrum Disorder based on DSM-5 criteria: Evidence from clinician and teacher reporting. *Journal of Abnormal Child Psychology, 42*(8), 1381-1393. doi.org/10.1007/s10802-014-9881-x

Hofvander, B., Delorme, R., Chaste, P., Nydén, A., Wentz, E., Ståhlberg, O., ... & Råstam, M. (2009). Psychiatric and psychosocial problems in adults with normal-intelligence autism spectrum disorders. BMC *Psychiatry, 9*, 35. doi.org/10.1186/1471-244X-9-35

Hull, L., Petrides, K. V., Allison, C., Smith, P., Baron-Cohen, S., Lai, M.-C., et al. (2017). "Putting on my best normal": Social camouflaging in adults with Autism Spectrum conditions. *Journal of Autism and Developmental Disorders, 47*, 2519. doi.org/10.1007/s10803-017-3166-5

Kessler, R. C., Adler, L., Barkley, R., et al. (2006). The prevalence and correlates of adult ADHD in the United States: Results from the national comorbidity survey replication. *American Journal of Psychiatry, 163*(4):716-723. doi:10.1176/ajp.2006.163.4.716

Kopp, S., & Gillberg, C. (1992). Girls with social deficits and learning problems: Autism, atypical Asperger syndrome of a variant of these conditions. *European Child & Adolescent Psychiatry, 1*(2), 89-99. doi.org/10.1007/BF02091791

Kütük, M. Ö., Tufan, A. E., Kiliçaslan, F., Güler, G., Çelik, F., Altinta, F., Gökçen, C., Karada, M., Yekta, Ç., Mutluer, T., Kandemir, H., Büber, A., Topal, Z., Acikbas, U., Giray, A., & Kütük, Ö. (2021). High depression symptoms and burnout levels among parents of children with Autism Spectrum Disorders: A multi-center, cross-sectional, case-control study. *Journal of Autism and Developmental Disorders, 51*(11), 4086-4099. doi.org/10.1007/s10803-021-04874-4.

Lane, S. J., Miller, L. J., & Hanft, B. E. (2000). Toward a consensus in terminology in sensory integration theory and practice: Part 2: Sensory integration patterns of function and dysfunction. *Sensory Integration Special Internet Section Quarterly, 23*, 1-3.

Lowry, L. (2017). Misunderstood girls: A look at gender differences in autism. Hanen Early Language Program. hanen.org/SiteAssets/Articles---Printer-Friendly/Research-in-your-Daily-Work/Misunderstood-Girls-A-look-at-gender-differences-i.aspx

Lugnegård, T., Hallerbäck, M. U., & Gillberg, C. (2011). Psychiatric comorbidity in young adults with a clinical diagnosis of Asperger syndrome. *Research in Developmental Disabilities, 32,* 1910-1917. doi.org/10.1016/j.ridd.2011.03.025.

Mandy, W., & Lai, M. C. (2017). Towards sex and gender informed autism research. *Autism, 21*(6), 643-645. doi:10.1177/136236131 7706904

McMahon, K., Anand, D., Morris-Jones, M., & Rosenthal, M. Z. (2019).

A path from childhood sensory processing disorder to anxiety disorders: The mediating role of emotion dysregulation and adult sensory processing disorder symptoms. *Frontiers in Integrative Neuroscience, 13*, 22-22. doi.org/10.3389/fnint.2019.00022

Michaels, M. A., & Johnson, P. J. (2015). *Designer relationships: A guide to happy monogamy, positive polyamory, and optimistic open relationships.* New Jersey: Cleis Press.

Ocak, E., Eshraghi, R. S., Danesh, A., Mittal, R., & Eshraghi, A. A. (2018). Central auditory processing disorders in individuals with Autism Spectrum Disorders. *Balkan Medical Journal, 35*(5), 367-372. doi.org/10.4274/balkanmedj.2018.0853

Rabiee, A., Vasaghi-Gharamaleki, B., Samadi, S. A., Amiri-Shavaki, Y., & Alaghband-Rad, J. (2020). Working memory deficits and its relationship to Autism Spectrum Disorders. *Iranian Journal of Medical Sciences, 45*(2), 100-109. doi.org/10.30476/IJMS.2019.45315

Raymaker, D. M., Teo, A. R., Stickler, N. A., Lentz, B., Scharer, M., Santos, A. D., Kapp, S. K., Hunter, M., Joyce, A., & Nicolaidis, C. (2020). "Having all of your internal resources exhausted beyond measure and being left with no cleanup crew": Defining autistic burnout. *Autism in Adulthood, 2*(2), 132-143. doi.org/10.1089/aut.2019.0079

Ressel, M., Thompson, B., Poulin, M-H., Normand, C.L., Fisher, M.H, Couture, G., & Iarocci, G. (2020). Systematic review of risk and protective factors associated with substance use and abuse in individuals with Autism Spectrum Disorders. *Autism: The International Journal of Research and Practice, 24*(4), 899-918. doi.org/10.1177/1362361320910963

Rumball, F. A. (2019). A systematic review of the assessment and treatment of Posttraumatic Stress Disorder in individuals with Autism Spectrum Disorders. *Review Journal of Autism and Developmental Disorders, 6,* 294-324. doi.org/10.1007/s40489-018-0133-9

Schauder, K. B., & Bennetto, L. (2016). Toward an interdisciplinary understanding of sensory dysfunction in Autism Spectrum Disorder: An integration of the neural and symptom literatures. *Frontiers in Neuroscience, 10,* 268. doi.org/10.3389/fnins. 2016. 00268

Singer, J. (2017). *NeuroDiversity: The birth of an idea.* Amazon Digital Services.

Skodzik, T., Holling, H., & Pedersen, A. (2017). Long-term memory performance in adult ADHD. *Journal of Attention Disorders, 21*(4): 267-283. doi:10.1177/1087054713510561.

Skogli, E. W., Teicher, M. H., Andersen, P. N., Hovik, K. T., & Øie, M. (2013). ADHD in girls and boys-gender differences in co-existing symptoms and executive function measures. *BMC Psychiatry, 13,* 298. doi.org/10.1186/1471-244X-13-298

Spencer, A. E., Faraone, S. V., Bogucki, O. E., Pope, A. L., Uchida, M., Milad, M. R., Spencer, T. J., Woodworth, K. Y., & Biederman, J. (2016). Examining the association between Posttraumatic Stress Disorder and Attention-Deficit/Hyperactivity Disorder: A systematic review and meta-analysis. *The Journal of Clinical Psychiatry, 77*(1), 72-83. doi. org/ 10. 4088/ JCP.14r09479

Suckle, E. K. (2021). DSM-5 and challenges to female autism identification. *Journal of Autism and Developmental Disorders, 51,* 754-759. doi.org/10.1007/s10803-020-04574-5

Szalavitz, M. (2016). Autism-It's different in girls. *Scientific American.* ScientificAmerican.com/article/autism-it-s-different-in-girls

Ward, M. F., Wender, P. H., & Reimherr, F. W. (1993). The Wender

Utah Rating Scale: An aid in the retrospective diagnosis of childhood Attention Deficit Hyperactivity Disorder. *The American Journal of Psychiatry, 150*(6), 885-890. doi.org/10.1176/ajp.150.6.885

Weir, E., Allison, C., & Baron-Cohen, S. (2021). The sexual health, orientation, and activity of autistic adolescents and adults. *Autism Research,* 1-13. doi.org/10.1002/aur.2604.

Weiss, J. A., Wingsiong, A., & Lunsky, Y. (2014). Defining crisis in families of individuals with autism spectrum disorders. *Autism : The International Journal of Research and Practice, 18*(8), 985-995. doi.org/10.1177/1362361313508024.

White, S. W., Bray, B. C., & Ollendick, T. H. (2012). Examining shared and unique aspects of social anxiety disorder and Autism Spectrum Disorder using factor analysis. *Journal of Autism and Developmental Disorders, 42,* 874-884. doi.org/10.1007/s10803-011-1325-7

WHO (28 May, 2019). Burn-out an "occupational phenomenon": International classification of diseases. who.int/news/item/28-05-2019-burn-out-an-occupational-phenomenoninternational-classification-of-diseases

Wilbarger, P., & Wilbarger, J. L. (1991). *Sensory defensiveness in children aged 2-12: An intervention guide for parents and other caretakers.* Santa Barbara, CA: Avanti Educational Programs.

Wilens, T. E. (2004). Impact of ADHD and its treatment on substance abuse in adults. *Journal of Clinical Psychiatry, 65*(3), 38-45. PMID: 15046534.

저자 소개

로나 헤커 Lorna Hecker 박사는 퍼듀대학교 노스웨스트에서 25년간 가족치료를 가르친 뒤 현재는 명예교수로, 그리고 데이브레이크대학교 Daybreak University에서 석좌교수로 활동하고 있다. 저자는 오랫동안 부부 및 가족치료 센터를 운영하며 수많은 관계 회복과 성장을 이끌어 왔다. 현재는 콜로라도주의 포트콜린스에 위치한 신경다양성 웰니스 센터 Center for Neurodiverse Wellness에서 신경다양인 개인과 커플을 위한 전문 상담 및 코칭 활동을 이어가고 있으며 공인 가족치료사로서 개인 상담도 병행하고 있다. 정신 건강 분야에 있어 이론과 실전을 아우르는 저술 활동을 이어 온 저자는 10권 이상의 저서 및 편저를 출간했고 그중 『A Spectrum of Solutions for Clients with Autism』은 레이첼 베다드 Rachel Bédard 박사와 함께 공동 편집한 대표적인 자폐증 치료서이다. 로나 헤커 박사에 대한 더 자세한 정보는 www.NeurodiverseWellness.com에서 확인할 수 있다.

성주연(Sung, Juyeon)

국제공인 이마고 관계치료사(CIT), 한국상담학회 전문상담사, 여성가족부 청소년상담사, 한국부부가족상담협회 가족상담전문가 및 부부상담전문가로 활동하고 있으며, 내면아이상담사 및 부부치료 교육강사 자격 등을 보유하고 있다. 이화여자대학교를 졸업하고 미국 데이브레이크대학교에서 결혼과 가족치료(Marriage and Family Therapy) 석사 학위를 취득하였으며 현재 박사 과정 중에 있다.

현재 해솔 정신건강의학과, 구리시 가족센터, 쉼 심리상담연구소, 부부상담 전문 플랫폼 신디, 반석 심리상담센터 등에서 커플, 부모 자녀, 성인 및 청소년 그리고 EAP 내담자들과 상담을 진행하고 있다. 특히 신경다양성을 지닌 내담자에게 관심을 갖고 있으며, 다양한 신경 발달 특성이 정서와 대인관계에 미치는 영향을 탐색함으로써 이들의 정서적 연결과 관계 회복을 돕고자 한다.

또한 영성과 심리치료의 통합, 약물에 대한 전문적 지식을 기반으로 한 상담, 그리고 고립·은둔 청년과 가족을 위한 개인 및 집단상담 프로그램 등에 관심을 기울이고 있다.

양호연(Yang, Hoyon)

국제공인 이마고 관계치료사(CIT), 한국상담학회 전문상담사, 여성가족부 청소년상담사, 한국부부가족상담협회 가족상담전문가 및 부부상담전문가로 활동하고 있으며, 내면아이상담사 및 부부치료 교육강사 자격 등을 보유하고 있다. 연세대학교를 졸업하고 미국 데이브레이크대학교에서 결혼과 가족치료 석사 학위를 취득하였으며 현재 박사 과정 중에 있다.

현재 부부상담 전문 플랫폼 신디, 한국가족상담센터, 구리시 가족센터 등에서 부부 및 커플, 부모 자녀 그리고 더 건강한 관계를 맺고자 하는 성인 내담자들과 상담을 진행하고 있다. 최근에는 신경다양성 커플/부부를 다수 만나며, 이들이 서로의 다름을 깊이 이해하고 조화롭게 살아갈 수 있도록 돕고 있다. 뇌 신경과학을 기반으로 정서적 경험과 신체감각에 바탕을 둔 트라우마 치료 및 어린 시절 형성된 애착패턴으로 인한 관계적 어려움을 겪는 분들께 치유적 경험을 제공하는 것을 추구하고 있다.

공동 연구자로 참여한 논문으로는 「ADHD아동 양육자의 정신화 증진을 위한 부모교육 프로그램 개발과 효과 검증—이마고 관계치료를 활용하여—」(2024), 「가족상담사의 역전이 관리 훈련프로그램 개발 및 효과 검증」(2024) 등이 있다.

감수자 소개

이 모니카(Lee, Monica J.)

모니카 리 박사는 미국 결혼과 가족치료사(LMFT) 및 임상전문상담사(LCPC) 라이선스를 소지한 국제공인 이마고 관계치료사(CIT) 및 이마고 커플스 워크숍 프리젠터로서 지난 15년 동안 개인 및 커플/가족 관계를 돕는 전문 상담을 제공하면서 미국 결혼과가족치료협회(AAMFT)의 공인임상슈퍼바이저로서 상담사들에게 교육과 훈련을 하고 있다.

특히 한인 이민자와 가족을 마음에 품고 교회 및 지역사회에서 정신건강에 관련된 세미나와 워크숍, 신문과 방송을 통한 교육과 멘토링을 제공하고 있다. 저서로는 10여 년 동안 『한국일보』에 기고했던 칼럼을 모아 발간한 『아들아, 잠시 쉬었다 가도 괜찮아』(좋은땅, 2017)가 있다.

우리는 신경다양성 커플일까요
─ADHD를 포함한 독특한 사람들의 관계 맺기─
Different Planets: Understanding Your Neurodiverse Relationship

2026년 1월 5일 1판 1쇄 인쇄
2026년 1월 15일 1판 1쇄 발행

지은이 • Lorna Hecker
옮긴이 • 성주연 · 양호연
펴낸이 • 김진환
펴낸곳 • ㈜ **학지사**

04031 서울특별시 마포구 양화로 15길 20 마인드월드빌딩
대표전화 • 02-330-5114   팩스 • 02-324-2345
등록번호 • 제313-2006-000265호

홈페이지 • http://www.hakjisa.co.kr
인스타그램 • https://www.instagram.com/hakjisabook

ISBN 978-89-997-3581-3 03180

정가 16,000원

▌출판미디어기업 **학지사**

간호보건의학출판 **학지사메디컬** www.hakjisamd.co.kr
심리검사연구소 **인싸이트** www.inpsyt.co.kr
학술논문서비스 **뉴논문** www.newnonmun.com
교육연수원 **카운피아** www.counpia.com
대학교재전자책플랫폼 **캠퍼스북** www.campusbook.co.kr